Quem tem Medo do Processo Coletivo?

Quem tem Medo do Processo Coletivo?

AS DISPUTAS E AS ESCOLHAS POLÍTICAS NO CPC/2015 PARA O TRATAMENTO DA LITIGIOSIDADE REPETITIVA NO BRASIL

2020

Andrea Pimentel de Miranda

QUEM TEM MEDO DO PROCESSO COLETIVO?
AS DISPUTAS E AS ESCOLHAS POLÍTICAS NO CPC/2015 PARA O TRATAMENTO DA LITIGIOSIDADE REPETITIVA NO BRASIL

AUTOR: Andrea Pimentel de Miranda
PREPARAÇÃO E REVISÃO: Tereza Gouveia e Lyvia Felix
DIAGRAMAÇÃO: Almedina
DESIGN DE CAPA: Roberta Bassanetto
ISBN: 9786556270685

Dados Internacionais de Catalogação na Publicação (CIP)
(Câmara Brasileira do Livro, SP, Brasil)

Miranda, Andrea Pimentel de
Quem tem medo do processo coletivo? : as disputas e as escolhas políticas no CPC/2015 para o tratamento da litigiosidade repetitiva no Brasil / Andrea Pimentel de Miranda. -- São Paulo : Almedina, 2020.

ISBN 978-65-5627-068-5

1. Processo coletivo - Brasil 2. Processo coletivo - Jurisprudência - Brasil I. Título.

20-40598 CDU-347.921

Índices para catálogo sistemático:

1. Processo coletivo : Direito processual civil 347.921

Cibele Maria Dias - Bibliotecária - CRB-8/9427

Este livro segue as regras do novo Acordo Ortográfico da Língua Portuguesa (1990).

Setembro, 2020

EDITORA: Almedina Brasil
Rua José Maria Lisboa, 860, Conj.131 e 132, Jardim Paulista | 01423-001 São Paulo | Brasil
editora@almedina.com.br
www.almedina.com.br

À Fernanda Pimentel, mulher que me inspira diariamente e que eu tenho a sorte de chamar de mãe.

AGRADECIMENTOS

Todas e todos que se aventuram pelos tortuosos caminhos da vida acadêmica sabem que uma dissertação de mestrado não se escreve a duas mãos. São muitas as pessoas que contribuíram para que as ideias aqui descritas alcançassem o papel, seja com críticas e sugestões ao trabalho, seja até mesmo com abraços, palavras de conforto e companhia para os (muitos) cafés. Faço o exercício de tentar, em breves palavras, agradecer à todas e todos que estiveram presentes e caminharam ao meu lado durante os últimos dois anos e, prevendo a possibilidade de me esquecer de alguém, peço desculpas de antemão.

Em primeiro lugar, não poderia deixar de agradecer à pessoa que me deu a vida, a educação e a paixão pelos livros. Minha mãe, Fernanda Pimentel, que abdicou de muito para me dar tudo que tenho, que me ensinou a persistir e, acima de tudo, sempre me incentivou e lutou para que eu pudesse seguir o caminho que desejasse. Agradeço também à minha irmã, Aline Pimentel de Miranda, que é minha melhor amiga e parceira de vida acadêmica, que está presente em absolutamente cada etapa da minha vida e que fez todo o esforço possível para me ajudar na elaboração deste trabalho. Ao meu pai, André Alves Miranda, por me ensinar a confiar completamente na minha capacidade e por me auxiliar a alcançar todos os meus sonhos, sejam quais forem. Agradeço, ainda, à minha tia Ana Rosa Pimentel que, além de uma constante fonte de inspiração, é minha guia nos momentos delicados e confidente das agruras acadêmicas.

Agradeço à Luciana Gross Cunha, por quem eu tive o privilégio de ser orientada no mestrado. Sou grata não só pela orientação e pelas contribuições valiosas para este trabalho, mas também pela oportunidade de dialogar horizontalmente, de expor minhas ideias e ser ouvida e, principalmente, por ter por perto um exemplo de docente e pesquisadora comprometida com o trabalho que realiza.

Um agradecimento especial a três mulheres que foram essenciais para a elaboração deste trabalho e que são uma constante inspiração como profissionais, pesquisadoras, professoras e mulheres. Daniela Monteiro Gabbay, Maria Cecília Asperti e Susana Henriques da Costa. Agradeço às três pelos excelentes comentários e críticas durante a banca de qualificação, pelos inúmeros almoços em que discutimos meu texto, pelos empréstimos de livros, pelas oportunidades acadêmicas e pelas trocas inestimáveis de conhecimento. Sem a generosidade e a paciência de vocês esta dissertação não existiria. Nutro a esperança de poder trabalhar e pesquisar ao lado de vocês em muitas outras oportunidades.

O mestrado exige elevado investimento intelectual e emocional, além de demandar abdicações tanto na vida profissional como pessoal. No entanto, pesquisar e estudar no Brasil ainda é um privilégio de poucos, ainda mais quando se tem a chance de fazê-lo em um espaço qualificado como o da FGV. Desse modo, agradeço à instituição, que me concedeu a bolsa Mario Henrique Simonsen e, assim, me permitiu pesquisar livremente e com todo o suporte possível. Agradeço, ainda, às professoras e aos professores: Michelle Ratton, Maíra Machado, Lie Uema do Carmo, Marta Machado, Mario Schapiro, Carlos Ari Sundfeld, Dimitri Dimoulis e Oscar Vilhena pelas trocas e apoio generosos que me ofereceram ao longo dos últimos dois anos.

Ao professor Kazuo Watanabe pela disponibilidade e generosidade em discutir meu texto e trazer grandes contribuições para a pesquisa. Ao Paulo Eduardo Alves Silva e Rogério Arantes e à Bárbara Lupetti, Bruna Silveira e Estefânia Côrtes que, em oportunidades diferentes, comentaram meu trabalho e permitiram que eu pudesse aperfeiçoá-lo. Agradeço também ao professor Sérgio Seiji Shimura, que me acompanha há muitos anos, por ter sido o responsável por abrir as portas da docência para mim.

Não poderia deixar de agradecer, também, àqueles que me acompanharam lado a lado nessa jornada, leram meu trabalho diversas vezes e ofereceram suas generosas contribuições: aos colegas do mestrado.

Aos amigos João Eberhardt Francisco, Gabriel Mantelli e Fernando Shecaira que tão gentilmente cederam momentos de seu tempo para discutir ideias e me auxiliaram imensamente na elaboração do texto. Agradeço ainda meus amigos do colégio e da faculdade que me acompanham há tantos anos e não desistiram de mim mesmo quando precisei me ausentar reiteradas vezes por conta da dissertação. Agradeço, ainda, algumas pessoas que sempre estiveram por perto, me acompanhando e torcendo por mim: Maria Teresa Assumpção e Maria Ruth da Silva.

Agradeço aos colegas do Núcleo de Justiça e Constituição e a Coordenadoria, professores e alunos do FGVLaw. Aos funcionários e funcionárias da FGV, tanto da biblioteca como seguranças, secretárias, faxineiras e colaboradoras da cafeteria, em especial Raíra, Rafael, Ana, Henrique e Michaela. São essas as pessoas que acompanham o dia a dia da pesquisa e que permitem que ela aconteça.

Finalmente, agradeço a Pedro Henrique Carvalho, que trouxe calma para o meu coração inquieto e ternura para os meus dias solitários de pesquisa. Muito obrigada pela parceria, mensagens diárias de encorajamento e, principalmente, por ter garantido que essa caminhada fosse infinitamente mais leve estando ao meu lado em cada momento dela.

Não se tornará o próprio julgamento um elemento do conflito, isto é, não será ele nada mais do que uma força do jogo a favor ou em prejuízo de uma das partes?
– Gramsci

LISTA DE ABREVIATURAS E SIGLAS

ADCT	Ato das Disposições Constitucionais Transitórias
AGU	Advocacia Geral da União
AMB	Associação dos Magistrados do Brasil
CCJ	Comissão de Constituição e Justiça
CDC	Código de Defesa do Consumidor
CEBEPEJ	Centro Brasileiro de Estudos e Pesquisas Judiciais
CF	Constituição Federal
CNJ	Conselho Nacional de Justiça
CPC/1973	Código de Processo Civil de 1973
CPC/2015	Código de Processo Civil de 2015
CPI	Comissão Parlamentar de Inquérito
DEM	Democratas
EC	Emenda Constitucional
ECA	Estatuto da Criança e do Adolescente
FDUSP	Faculdade de Direito da Universidade de São Paulo
FGTS	Fundo de Garantia por Tempo de Serviço
IBDP	Instituto Brasileiro de Direito Processual
ICJ	Índice de Confiança na Justiça
IRDR	Incidente de Resolução de Demandas Repetitivas
LACP	Lei da Ação Civil Pública
OAB	Ordem dos Advogados do Brasil
PCdoB	Partido Comunista do Brasil
PDT	Partido Democrático Trabalhista
PEC	Projeto de Emenda Constitucional

PHAS	Partido Humanista da Solidariedade
PL	Partido Liberal
PMDB	Partido do Movimento Democrático Brasileiro
PP	Progressistas
PR	Partido da República
PRB	Partido Republicano do Brasil
PROS	Partido Republicano da Ordem Social
PSB	Partido Socialista Brasileiro
PSC	Partido Social Cristão
PSDB	Partido da Social Democracia Brasileira
PT	Partido dos Trabalhadores
PTB	Partido Trabalhista Brasileiro
PUC	Pontifícia Universidade Católica
PV	Partido Verde
RICD	Regimento Interno da Câmara dos Deputados
SD	Solidariedade
STF	Supremo Tribunal Federal
STJ	Superior Tribunal de Justiça
UEM	Universidade Estadual de Maringá
UERJ	Universidade Estadual do Rio de Janeiro
UFMG	Universidade Federal de Minas Gerais
UFPR	Universidade Federal do Paraná
UFRGS	Universidade Federal do Rio Grande do Sul

APRESENTAÇÃO

Fico muito feliz por ter sido convidada para escrever o prefácio do livro de Andrea Pimentel de Miranda. Trata-se de obra que incentiva a todos nós, acadêmicos e acadêmicas, na medida em que comprova que a pesquisa empírica séria e inovadora é possível mesmo em momentos de crise, como o que vivemos.

O livro decorre de pesquisa de dissertação de mestrado conduzida pela autora na Escola de Direito de São Paulo da Fundação Getulio Vargas (FGV DIREITO SP). Participei da sua banca de qualificação, oportunidade em que já se vislumbrava a grandiosidade da obra. Não que se esperasse outra coisa de Andrea. Conheço a autora desde os bancos da graduação da Faculdade de Direito da USP, onde, minha aluna, já demonstrava interesse pelo processo civil e pensamento crítico apurado. Ao final do curso, a autora apresentou trabalho de Tese de Láurea (2015), sob minha orientação, contendo pesquisa empírica sobre *amicus curiae* em recursos repetitivos no Superior Tribunal de Justiça (STJ), que até hoje é usado como fonte de debate sobre o tema nos cursos da Faculdade de Direito da Universidade de São Paulo.

No livro que ora tenho o prazer de apresentar, Andrea mostra ter atingido a maturidade acadêmica. A autora se propõe a, por meio da análise do processo legislativo do CPC/2015, entender por que a técnica do Incidente de Resolução de Demandas Repetitivas (IRDR) foi preferida pelo legislador em detrimento da tutela coletiva, para a solução da litigância repetitiva.

Para responder à pergunta proposta, inicia sua pesquisa com uma revisão teórica sobre o conceito de acesso à justiça, enfatizando a pluralidade semântica do termo. Na sequência, sua pesquisa volta-se para a definição do papel do Judiciário e seu atual diagnóstico de crise, que se deve, em muito, ao volume de processos produto de litigância repetitiva. Finaliza expondo o paradoxo da Justiça brasileira, em que há acesso demais para determinados litigantes (repetitivos), em contraposição às inúmeras barreiras de acesso à justiça ainda existentes ao cidadão comum.

O segundo capítulo se inicia com o estudo do processo coletivo brasileiro, seu histórico, características e dificuldades. Na sequência, passa por uma retrospectiva sobre as reformas constitucionais e legais que levaram ao desenvolvimento da técnica de julgamento por amostragem, atrelada à construção de precedentes vinculantes, que caracteriza o IRDR. Por fim, a autora compara as duas técnicas e conclui que "a tutela coletiva de direitos individuais foi pensada a partir de uma lógica de promoção de acesso à justiça, enquanto o IRDR tem como fundamento principal o gerenciamento de processos, a promoção de celeridade processual e segurança jurídica".

Por fim, Andrea apresenta os resultados de sua rica e reveladora pesquisa empírica, em que mapeia e analisa os registros documentados do processo legislativo do CPC/2015, a partir dos atores relevantes para sua criação e dos argumentos por eles utilizados. Constata que "a concepção de acesso à justiça adotada pelos legisladores afeta diretamente suas escolhas políticas e prioridades dentro do Código", pois, segundo os dados levantados, há a percepção de que um dos principais causadores da crise do Judiciário foi a ampliação de seu acesso. É muito marcante, ainda, o discurso pautado pela busca da celeridade e da segurança jurídica.

Ao final, a autora identifica uma rejeição marcante à discussão sobre o processo coletivo e suas eventuais potencialidades para lidar com a crise do Judiciário, atrelada a uma ampla aceitação do IRDR como técnica apta a concretizar os valores de celeridade e segurança jurídica. Conclui que a lógica eficientista prevaleceu e que, por isso, foi priorizada a técnica de julgamento por amostragem (casos repetitivos), que possibilita um melhor gerenciamento de processos.

Este é um livro que merece ser lido. Primeiro, porque é um modelo de como realizar pesquisa empírica qualitativa séria em direito processual. Além disso, é um trabalho fundamental na discussão sobre a política judiciária de tratamento da litigância repetitiva porque descortina a ideologia discursiva por detrás na elaboração do atual CPC. Recomendo a leitura a todos os interessados no tema.

Susana Henriques da Costa
Doutora e mestre em Direito Processual Civil pela Universidade de São Paulo (USP). Professora de Direito Processual Civil da USP. Coordenadora acadêmica do curso de especialização em Direitos Difusos e Coletivos da Escola Superior do Ministério Público do Estado de São Paulo.

PREFÁCIO

Em diferentes dispositivos, as alterações trazidas pelo Código de Processo Civil aprovado em 2015 seguiram a reforma do Judiciário – Emenda Constitucional n. 45/2004. Esta, por sua vez, teve como um dos seus objetivos aumentar a uniformidade das decisões a partir dos tribunais superiores, a fim de ampliar a segurança jurídica. Exemplo disso é a súmula vinculante e a repercussão geral, ambas incorporadas ao nosso ordenamento jurídico por meio da EC n. 45/2004, que incluiu os artigos 103-A e o §3º do artigo 102 da Constituição Federal de 1988. A celeridade do processo também esteve presente nas discussões sobre a reforma do Judiciário, no início da década de 2000, resultando na inserção do inciso LXXVIII ao artigo 5º da CF/1988, que garante *a razoável duração do processo e os meios que garantam a celeridade de sua tramitação.*

Desde a aprovação da EC/2004, em decorrência da regulamentação dos novos institutos trazidos por ela, o sistema processual civil continuou passando por mudanças que, de alguma maneira, pediam a reestruturação do sistema como um todo. O Código de Processo Civil, aprovado em 2015, de acordo com sua Exposição de Motivos, serviria para consolidar e organizar o sistema. Levando adiante os desafios da reforma do Judiciário de garantir a segurança jurídica e a celeridade processual, e adotando como mecanismo de consolidar e organizar o sistema processual brasileiro, o CPC/2015 escolheu o Incidente de Resolução de Demandas Repetitivas (IRDR) como instrumento de processamento dos litígios que envolvem questões idênticas.

No entanto, por qual razão o legislador escolheu o IRDR para lidar com causas idênticas e, assim, garantir uniformidade e celeridade processual?

Se essa é a pergunta específica desta obra, não é possível respondê-la sem falar em acesso à justiça.

Desde o diagnóstico da existência de crise no Judiciário brasileiro, é certo que os principais apontamentos têm sido a falta de eficiência e de eficácia em sua atuação. A falta de eficiência poderia ser verificada, por exemplo, no tempo de solução dos litígios e, de maneira mais ampla, na capacidade do sistema de justiça de acolher e processar a litigiosidade. Já a eficácia está ligada à segurança jurídica, mais especificamente à capacidade de implementação das decisões dos tribunais nos processos. Tanto a eficiência quanto a eficácia do Judiciário têm como pano de fundo o acesso à justiça, entendido aqui tanto como a possibilidade do Judiciário de atender às demandas da sociedade para a mediação de conflitos quanto como a forma pela qual tais demandas são processadas. Assim, questões sobre capacidade processual, facilidade de acessar o sistema de justiça, imparcialidade e equidade no tratamento das demandas são mobilizadas quando está se falando em acesso à justiça. No caso brasileiro, a ampliação do acesso à justiça no sentido de garantir esses valores tem sido apontada pelos estudos empíricos na área como urgente, a fim de enfrentar a cada vez maior concentração de renda e desigualdade social e econômica de nosso país.

Sob essa óptica, a escolha do IRDR como forma de enfrentar os desafios do Judiciário brasileiro até poderia incrementar o acesso à justiça, caso fossem incorporadas discussões sobre quem e como se acessa o Judiciário e quais os resultados que esse acesso produz. Já há algum tempo, o funcionamento do sistema de justiça e a possibilidade de ter os conflitos mediados pelo Estado não são vistos como um fim em si mesmo, mas como uma ferramenta de mobilização social, capaz de trazer à tona disputas políticas, sociais e econômicas. O fenômeno conhecido como judicialização da política evidencia o potencial do sistema processual. Além disso, o nosso ordenamento jurídico, desde a década de 1980, já havia incorporado o processamento de demandas coletivas que em alguma medida regulam os casos idênticos.

O problema, no entanto, como irá nos mostrar a autora desta obra, é que a escolha pelo IRDR parte de uma premissa equivocada. Mais uma vez, seguindo uma tradição que já deveria ter sido superada, dados os avanços que as pesquisas empíricas em Direito tiveram nas duas últimas décadas, as escolhas feitas pelo legislador, influenciadas pelo grupo de *experts* que participou do processo legislativo que culminou no novo Código de Processo Civil, não levaram em conta os diagnósticos produzidos pela área. Nesse sentido, esta publicação, fruto da dissertação de mestrado acadêmico produzida pela então aluna Andrea Pimentel de Miranda no âmbito do Programa de Pós-Graduação em Direito e Desenvolvimento da Escola de Direito de São Paulo da Fundação Getulio Vargas (FGV DIREITO SP), à qual tive a chance de participar como orientadora, é mais do que bem-vinda, pois mostra com seus resultados a necessidade de compartilhar e discutir de maneira ampliada os movimentos que temos feitos no sentido de transformar o sistema de justiça no Brasil, nesse caso, por meio dos instrumentos do processo civil.

Foram várias as reformas legislativas que, desde o início da década de 1980, alteraram a maneira como o sistema de justiça opera. De modo geral, tais reformas tiveram como objetivo principal enfrentar os desafios apresentados pelo Judiciário, seja como prestador de serviço, seja como poder do Estado, ao lado do Legislativo e do Executivo. As transformações pelas quais o sistema passou foram desde a criação de novos órgãos, como o Conselho Nacional de Justiça, e de novas áreas de atuação, como a criação dos juizados especiais, até mudanças na forma de solução das disputas, como o uso da mediação e da arbitragem, e técnicas de julgamento de demandas repetitivas, que é objeto deste livro.

Na área do direito processual, cada um desses institutos e ordenamentos jurídicos que os regulam já foi e tem sido objeto de estudo, alimentando e renovando a dogmática processual. Esta obra lança um olhar inovador sobre as mudanças no sistema processual brasileiro. Seguindo um percurso pouco explorado pelos estudos no direito processual brasileiro, a autora se propõe a verificar o processo legislativo que resultou no novo Código de Processo Civil – a Lei Federal n. 13.105, de 2015. Nesse sentido, não somente o objeto de estudo é inusitado, mas também a utilização de fontes de pesquisa, como as atas de reuniões e audiências públicas, os textos do anteprojeto de lei, dos substitutivos e das emendas. É apresentada aos estudiosos da área a possibilidade de entrar em contato com as ideias, as intenções e as motivações das pessoas envolvidas no processo legislativo, além dos próprios legisladores, que resultaram na adoção de novos institutos processuais, na modificação de institutos já existentes, bem como em um novo arranjo institucional.

A curiosidade da pesquisadora em desvendar como se deu esse processo legislativo, quais os interesses que estavam em jogo, quem foram os atores que participaram e como influenciaram as discussões e os resultados alcançados ao final do processo, demonstra a sua capacidade de questionar o senso comum, a percepção dos operadores do Direito e os pressupostos dados pelos estudos já realizados na área. Buscar, descobrir e analisar o que está por trás dos novos arranjos institucionais abrem novas perspectivas sobre o funcionamento desses institutos, além de desvendar o que não foi levado em consideração, o que não foi discutido e quais não eram os objetivos dos legisladores durante o processo de elaboração e aprovação daquele ordenamento jurídico. Em se tratando de uma lei que organiza as regras, os procedimentos e os instrumentos que orientam todo o sistema processual e que, portanto, define como os litígios chegam e são processados pelo Judiciário, a presença ou a ausência de determinados temas e a força desses ou daqueles interesses são fundamentais para que a sociedade brasileira possa definir qual o papel do Poder Judiciário no processamento das disputas entre os cidadãos e entre estes e o Estado, o setor público e o privado. Dito de outra maneira, trata-se de obra absolutamente necessária para que possamos discutir e escolher o acesso à justiça no nosso país, assim como enfrentar, pelo sistema de justiça, as desigualdades sociais e econômicas.

Luciana Gross Cunha
Mestre e doutora em Ciência Política pela Faculdade de Filosofia, Letras e Ciências Humanas da Universidade de São Paulo (FFLCH/USP). Professora da Escola de Direito de São Paulo da Fundação Getulio Vargas (FGV DIREITO SP).

SUMÁRIO

INTRODUÇÃO

É consenso entre juristas brasileiros que o Poder Judiciário passa por uma crise que afeta sua capacidade de atuar com eficiência e qualidade, distanciando-se de um modelo de justiça minimamente satisfatório. A lentidão, a superlotação e a falta de segurança jurídica são apontadas como as principais questões a serem enfrentadas a fim de garantir a melhoria da prestação jurisdicional (SADEK, 2004). Nesse cenário, a litigiosidade repetitiva adquire especial relevância na medida em que é identificada como a principal causadora dos problemas enfrentados pelo Judiciário. Trata-se de um fenômeno caracterizado pela massiva proliferação de demandas judiciais que discutem a mesma questão de fato e/ou direito.

Diversas medidas foram desenvolvidas e aplicadas na última década no sentido de lidar com esses problemas e garantir o melhor funcionamento do Poder Judiciário. Nesse contexto se insere o Código de Processo Civil de 2015 (CPC/2015) que, imbuído da lógica da segurança jurídica e celeridade, trouxe diversas mudanças no bojo do Direito Processual brasileiro, em especial para lidar com a litigiosidade repetitiva.

Um dos mecanismos desenvolvidos para lidar com a litigiosidade repetitiva é o Incidente de Resolução de Demandas Repetitivas (IRDR), que consiste em uma técnica de julgamento de casos repetitivos. O IRDR, apesar de enfrentar críticas por parte de vários processualistas, é encarado como a possibilidade de impor celeridade e uniformidade das decisões e combater os efeitos negativos gerados pela litigiosidade repetitiva, tendo sido apontado como uma das principais inovações do CPC/2015.

Ao mesmo tempo que há grande expectativa com relação ao IRDR, a tutela coletiva não recebeu a mesma atenção no CPC/2015. O tratamento coletivo de processos idênticos é um dos instrumentos apontados por alguns autores como o mais adequado no enfrentamento do fenômeno da litigiosidade repetitiva, na medida em que pressupõe a conjunção de diversas demandas judiciais em uma só, com julgamento único.

Observando a forma de lidar com os efeitos da litigiosidade repetitiva pelo Código de Processo Civil de 2015 surge a pergunta que orienta o presente trabalho: por que as técnicas de julgamento de casos repetitivos, especificamente o IRDR, foram preferidas pelo legislador ao invés do aprimoramento da tutela coletiva e sob qual justificativa?

A ideia primordial, portanto, consiste em observar como se deu o processo legislativo do Código de Processo Civil de 2015, especialmente a escolha pela ampliação da técnica de julgamento de casos repetitivos para lidar com a litigiosidade repetitiva, enquanto o processo coletivo ocupou papel coadjuvante como técnica capaz de lidar com a mesma questão. Além disso, busca-se compreender quem foram os atores responsáveis por essa escolha e quais foram suas justificativas.

Trata-se de tentativa de traduzir os interesses que tensionaram os debates e regeram as opções legislativas realizadas no âmbito da elaboração do novo diploma processual. Identificar a racionalidade por trás das reformas judiciais ajuda a compreender quais forças políticas integram sua elaboração, quais interesses defendem e se essas medidas são pautadas por sua possibilidade de gerar efeitos positivos para o sistema judicial como um todo ou para atores específicos.

Tendo em vista os objetivos traçados, na primeira parte do trabalho será abordada a crise do Judiciário, suas causas e efeitos principais, bem como o fenômeno da litigiosidade repetitiva para que se possa compreender que questões o Código tentou abarcar e quais problemas buscava resolver. Adota-se, para esse fim, a inversão da lente de observação da realidade oferecida por Marc Galanter (1974), que estudou o fenômeno da litigiosidade repetitiva nos Estados Unidos a partir da perspectiva dos usuários do Poder Judiciário.

O autor destaca as vantagens que os chamados litigantes habituais usufruem em comparação aos chamados litigantes eventuais, em razão de sua procura constante pela tutela jurisdicional, apontando que a abordagem coletiva da litigiosidade repetitiva contribuiria para lidar com seus efeitos negativos e garantiria, ao mesmo tempo, maior equiparação de forças entre esses litigantes. Nesse sentido, o julgamento coletivo de casos repetitivos pressuporia a aglomeração de litigantes eventuais em um dos polos do processo, garantindo-lhes maior capacidade de representação e de pressão, permitindo que as vantagens dos litigantes habituais sejam mitigadas.

A partir dessas ideias de Marc Galanter, foi elaborada a pergunta de pesquisa que orienta o trabalho. Algumas hipóteses foram traçadas e que poderiam explicar essa opção política pela elaboração de um novo mecanismo de julgamento de casos repetitivos e pela pouca atenção dada ao processo coletivo, apontado, como Galanter, como uma técnica adequada da perspectiva de promoção do acesso à justiça. São elas: (i) a perspectiva adotada pelo Código concentra-se no aspecto de gerenciamento de processos; (ii) há mais resistência para inovações relacionadas ao processo coletivo do que ao processo individual; (iii) a possível resistência às inovações relacionadas ao processo coletivo seria promovida por litigantes habituais.

Para compreender a origem da elaboração dessas hipóteses e, também, para que possamos trabalhá-las, é necessária a abordagem à evolução do conceito de acesso à justiça no Brasil, que adquiriu verdadeiro caráter polissêmico, tornando-se um conceito "guarda-chuva". É o que afirmam Susana Henriques da Costa, Daniela Monteiro Gabbay e Maria Cecília Asperti (2017): "In times where the expression 'access to justice' has acquired multiple and sometimes even contradictory meanings, it is necessary to discuss what is the access to justice that we intend to address".[1]

Em linhas gerais, a temática do acesso à justiça começou a ser tratada no Brasil durante a década de 1980, em especial, durante a elaboração da Constituição de 1988. Nesse momento, dialogava-se diretamente com as ideias de Mauro Cappelletti e Bryan Garth (1988), que defendiam como pauta principal a universalização de acesso à justiça. O Brasil, após o fim do regime ditatorial civil-militar de 1964, se encontrava em um novo contexto de redemocratização, reconhecimento de direitos e de fortalecimento de instituições

1 "Em um momento em que a expressão 'acesso à justiça' adquiriu significados múltiplos e, por vezes, contraditório, é necessário discutir qual acesso à justiça buscamos adereçar" (tradução livre).

e procedimentos para efetivação desses direitos. Ou seja, a perspectiva de acesso à justiça universal foi adotada, sendo esse direito reconhecido no texto constitucional de forma bastante ampla.[2]

Nas décadas seguintes, com o desmantelamento do estado desenvolvimentista e a instauração do modelo neoliberal de estado, reformas foram promovidas no texto constitucional, sendo a Emenda Constitucional n. 45 de 2004 o principal marco legislativo da mudança de paradigma no âmbito do Poder Judiciário. A tônica evidente dessas reformas era a garantia de eficiência do sistema judicial e melhoria da tutela jurisdicional. A lentidão do Judiciário e a falta de segurança jurídica, oriundas, entre outras razões, da sua superlotação, passaram a ser vistas como os principais obstáculos a serem enfrentados e, assim, tornaram-se pautas centrais das reformas. Nesse sentido, a promoção do acesso à justiça adquire o caráter de eficiência e superação da diagnosticada crise do Judiciário,[3] simbolizada pela garantia de celeridade e segurança jurídica.

A primeira hipótese traçada para responder à pergunta de pesquisa, portanto, baseia-se na ideia de que as opções legislativas estão diretamente atreladas à concepção de acesso à justiça adotada. Diante disso, indaga-se se as reformas trazidas pelo CPC/2015 teriam sido realizadas com base na perspectiva de eficiência da tutela jurisdicional, que atribui à ampliação do acesso à justiça a responsabilidade pela crise do Judiciário e se desenvolveu a partir da década de 1990 no Brasil. Desse modo, a preocupação principal dos legisladores residiria na gestão de acervo e na conferência de maior celeridade ao processo judicial, mas não em relação a quem acessa ou não o Judiciário.

Novamente, a perspectiva teórica adotada dialoga com a ideia de Marc Galanter (2010), na medida em que o autor defende que o acesso à justiça seria um recurso escasso e mal distribuído e que sua promoção exigiria necessariamente a realização de uma escolha política. Galanter desconstrói a ideia de que a explosão de litigiosidade é causada pela ampliação do acesso à justiça à toda a população, mas sim resultado do seu uso excessivo por poucos

[2] Art. 5º da CF/88: "XXXV – a lei não excluirá da apreciação do Poder Judiciário lesão ou ameaça a direito".

[3] Ugo Mattei (2007) chega a afirmar que o acesso à justiça passou a ser encarado como um não problema, na medida em que a preocupação não se voltava à solução adequada de conflitos ou à distribuição de acesso, mas sim à gestão de processos.

atores.[4] Nesse sentido, a opção por limitar o uso do Judiciário para alguns atores poderia significar, na realidade, melhor distribuição do acesso à justiça.

A segunda hipótese surge como desdobramento dessa dinâmica. Trata-se de uma possível resistência legislativa brasileira em tratar litígios plurindividuais de forma coletiva, uma vez que a técnica de julgamento de casos repetitivos não foge ao paradigma do processo individual.

A terceira hipótese baseia-se nas possíveis pressões exercidas por litigantes habituais promovendo a resistência ao uso do processo coletivo e a criação de mecanismos de julgamento de casos repetitivos como forma de lidar com os efeitos da litigiosidade repetitiva. Os litigantes habituais teriam interesse na limitação ao uso do processo coletivo justamente porque esse mecanismo poderia mitigar suas vantagens e, assim, garantir maior equiparação de força dentro do processo, conforme observado anteriormente. Busca-se, portanto, verificar se essa resistência acontece e se, de fato, é possível identificar a atuação de litigantes habituais dentro do processo legislativo nesse sentido.

O primeiro capítulo da dissertação trará as bases teóricas adotadas na pesquisa, delineando os problemas enfrentados pelo Judiciário, com especial enfoque à litigiosidade repetitiva. Será abordada, ainda, a evolução do conceito de acesso à justiça no direito brasileiro, de modo a oferecer aporte teórico para a identificação da concepção prevalecente no CPC/2015.

No segundo capítulo, abordaremos as duas técnicas (processo coletivo e julgamentos de casos repetitivos) sob a perspectiva de sua capacidade de lidar com os efeitos da litigiosidade repetitiva e de garantia de equiparação de forças entre as partes, apontando suas principais características, descrevendo seu histórico legislativo e evidenciando possíveis limitações intrínsecas aos institutos, bem como restrições trazidas pela lei e jurisprudência ao seu uso.

Em seguida, no terceiro capítulo, será traçado o panorama geral de elaboração do Código por meio do exercício descritivo do processo legislativo, suas etapas principais, atores relevantes que participaram de sua criação e os argumentos mobilizados por eles. Para isso, será utilizada a técnica de análise documental das atas de reuniões das Comissões envolvidas na elaboração do

[4] Essa afirmação é corroborada por dados relativos ao uso do Judiciário no Brasil, tanto no relatório "Justiça em Números" (CNJ, 2017), como no relatório "Uso da Justiça no Brasil" (AMB, 2015).

CPC/2015, atas das audiências públicas, debates legislativos, texto do anteprojeto e do substitutivo da Câmara dos Deputados, emendas, vetos e notícias sobre o Código.[5] Ainda nesse capítulo, serão trabalhados os dados obtidos a partir da leitura do material selecionado a fim de compreender as escolhas políticas de combate aos efeitos da litigiosidade repetitiva.

[5] Todos os documentos oficiais foram obtidos no *site* do Senado Federal e da Câmara dos Deputados. Disponível em: https://www25.senado.leg.br/web/atividade/materias/-/materia/116731 (acesso em: 20 mar 2018) e http://www.camara.gov.br/proposicoesWeb/fichadetramitacao?idProposicao=490267 (acesso em: 23 mar. 2018).

1. Acesso à Justiça no Brasil

Apesar da previsão na Constituição Federal de 1988, não é claro o que se entende por "acesso à justiça" atualmente. A expressão ficou marcada pela sua polissemia (GABBAY, ASPERTI e COSTA, 2017, p. 3),[6] característica esta adquirida ao longo das décadas e após seu uso para fins completamente diferentes. Por se tratar de conceito permeado de conotações essencialmente positivas, pode ser manobrado e adaptado de acordo com os interesses de quem o utiliza, funcionando como "conceito guarda-chuva" capaz de justificar reformas legislativas e mudanças de naturezas completamente distintas (ASPERTI, 2018, p. 29).[7] Tendo em vista os objetivos do presente trabalho, é necessário que se observe como o conceito de "acesso à justiça" evoluiu no Brasil para que possamos identificar como foi trabalhado durante a elaboração do CPC/2015.

A ideia de acesso à justiça referia-se, inicialmente, ao acesso às instituições judiciais governamentais e, anos depois – no discurso legal Pós-Segunda Guerra Mundial –, passa a ser descrito como benefício da assistência judiciária ou, ainda, como garantia de igualdade perante a lei.[8] Seu significado foi

[6] "A expressão "acesso à justiça" é lugar comum nas discussões acadêmicas em matéria de direito processual, adquirindo significados diversos, muitas vezes em argumentações acríticas e até mesmo contraditórias" (ASPERTI, 2018, p. 29).

[7] "Today, it is possible to identify claims resting on access to justice both for and against the suspension of individual claims in favor of sample trialing and of precedent formation" (GABBAY, ASPERTI e COSTA, 2017, p. 3)

[8] Antes de 1970, era usada a expressão "acesso às cortes de justiça", que data de, ao menos, 1840. Sobre o assunto ver: Lessee of Pollard's Heirs v. Kibbe, 39 U.S. 353 (1840)

ampliado somente na década de 1970, quando passou a ser entendido como a "capacidade de utilizar várias instituições governamentais e não governamentais, judiciais e extrajudiciais, onde um requerente poderia pleitear justiça" (GALANTER, 2010, p. 115).

Esse entendimento foi cristalizado com o surgimento do trabalho chamado *Access to Justice: a world survey* (GARTH, WEISNER e KOCH, 1978), originado a partir do "Projeto Florença" (*Florence Project*), patrocinado pela Ford Foundation. Tal projeto buscou informações sobre acesso à justiça em diversos países, embasado em programas e experiências realizados nesse âmbito, codificando uma concepção de acesso à justiça ampliada, que transcendia a ideia de representação por advogados e busca por tribunais como forma de buscar justiça (GALANTER, 2010, p. 117).

As ideias de Mauro Cappelletti e Bryan Garth ganharam espaço na academia jurídica brasileira[9] e se tornaram uma espécie de "mantra" baseado na ideia de universalização do acesso à justiça (GABBAY, ASPERTI e COSTA, 2017, p. 4). No entanto, a peculiaridade da realidade brasileira em relação aos países estudados pelo Projeto Florença impede a transposição das ideias de Cappelletti e Garth para o estudo do acesso à justiça no Brasil de forma acrítica, sob pena de crucial descolamento da realidade do país. É, no entanto, o que se observa na maioria dos trabalhos que tocam no tema de acesso à justiça.[10]

No Brasil, o acesso à justiça tem seus primeiros passos voltados para uma perspectiva diversa do Projeto Florença.[11] Enquanto este buscava analisar e

e Cary v. Curtis, 44 U.S. 236 (1845). A expressão foi, eventualmente, modificada para "acesso à justiça".

[9] A obra de Mauro Cappelletti e Bryan Garth, traduzida para o português, conta com 3.429 citações desde 1995. A obra original conta com apenas 222 citações no mesmo período. Disponível em: https://scholar.google.com.br/scholar?hl=en&as_sdt=0%2C5&q=access+to+justice+&btnG= (acesso em: 1 dez. 2018).

[10] "Iniciando as provocações, eu acho fascinante como o Projeto Florença até hoje ainda é o principal marco teórico neste tema, mas isso também me intriga, porque eu me pergunto: não vamos criar mais nada novo? Vamos continuar citando Cappelletti? Nas orientações e nas bancas de pós-Graduação das quais participo, o acesso à Justiça é algo sempre presente – independentemente do tema específico do trabalho; eu começo a ler o primeiro capítulo e já sei que certamente vou encontrar a descrição (na maioria das vezes acrítica) das ondas renovatórias" (FERRAZ *et al.*, 2017, p. 178).

[11] Eliane Botelho Junqueira afirma ainda que a produção de pesquisas empíricas sobre o tema surge no início da década de 1980, mas não existem referências ao *Florence Project*. O texto de

mapear o contexto de acesso à justiça em países que, em sua maioria, o *welfare state* estava firmado e havia necessidade de garantia de direitos sociais previstos na legislação, aquele se concentrava no acesso aos direitos mais básicos pela população. O Brasil da década de 1970, fortemente marcado pela marginalização político-social reforçada pelo regime militar, por um ordenamento jurídico de tradição liberal-individualista e por profundas desigualdades sociais e econômicas, dificultava o acesso de grandes parcelas da população a esses direitos básicos (JUNQUEIRA, 1996, p. 1). Enquanto isso, nos países do Norte Global a preocupação residia na expansão de direitos de minorias já anteriormente conquistados, a fim de torná-los mais efetivos. O interesse da academia brasileira pelo tema, portanto, teria origem em outros eventos que não o *Florence Project*.

A caminhada da pesquisa relativa[12] ao acesso à justiça no Brasil envolve, automaticamente, analisar a trajetória da sociologia do direito no país e sua ligação com questões político-jurídicas brasileiras.[13] Apesar do termo "acesso à justiça" começar a surgir no Brasil em meados de 1970, de acordo com Eliane Botelho Junqueira (1996, p. 1), a produção sistemática sobre o tema na área "direito e sociedade" se estabelece somente a partir dos anos 1980, ganhando maior relevância com a publicação da versão em português do trabalho de Bryant Garth e Mauro Cappelletti.

Dois eixos principais de estudo da temática se estabeleceram dentro da comunidade acadêmica brasileira: pesquisas sobre o acesso coletivo à justiça, concentradas na primeira metade dos anos 1980 e investigações sobre soluções de conflitos individuais – estatais e não estatais – em que mecanismos informais ganham relevância (CUNHA, 2008). Ambos os eixos foram diretamente influenciados pela obra de Boaventura de Sousa Santos, que trouxe o *pluralismo jurídico* para o centro do debate acadêmico. Nesse sentido, as primeiras obras

Cappelletti e Garth apenas é traduzido para o português em 1988. Desse modo, entende que o interesse da comunidade acadêmica pelo tema surge não por este projeto internacional, mas sim por razões internas em razão do "processo político e social da abertura política e, em particular, na emergência do movimento social que então se inicia" (1996, p. 2).

12 Partindo do pressuposto de que pesquisa se faz a partir dos anseios e dos problemas que surgem na sociedade civil (JUNQUEIRA, 1996, p. 9).

13 "Localizada não na área das ciências sociais, mas sim entre bacharéis de direito sociologicamente orientados, a sociologia do direito no Brasil surge, coincidentemente ou não, com as primeiras pesquisas sobre acesso à Justiça" (JUNQUEIRA, 1996, p. 1).

que tratavam de acesso à justiça no Brasil o faziam apenas tangencialmente, uma vez que o pluralismo jurídico era protagonista nesses trabalhos.[14]

O acesso à justiça coletivo passa a ser objeto de estudo mais aprofundado a partir do surgimento de novos movimentos sociais e fortalecimento de suas pautas fundadas em demandas por direitos coletivos e individuais, principalmente a partir das greves orquestradas no final dos anos 1970 e, em seguida, com o processo de abertura política pós-regime militar (JUNQUEIRA, 1996, p. 3). Joaquim Falcão (1981, p. 4) inaugura a preocupação com direitos coletivos ao observar conflitos urbanos em Pernambuco e associar o estudo do pluralismo jurídico com a noção de acesso (ou a falta dele) à justiça.[15] Segundo o autor, a cultura jurídica dominante era marcada por caráter liberal e individualista, sendo incapaz de lidar com o padrão de conflitos que surgiam, o que resultava na negação de acesso ao Judiciário, sendo os conflitos remetidos a outras arenas paralelas tanto informais como, em muitos casos, ilegais. Para Falcão (1981, p. 4), portanto, a democratização do Poder Judiciário pressuporia, necessariamente, a possibilidade de representação coletiva. Diversas pesquisas foram desenvolvidas sobre a mesma temática e a conclusão obtida apontava para o fato de que o Poder Judiciário não constituía a instância principal de solução de conflitos coletivos e difusos e, ainda, que seu acionamento poderia representar "ameaça de violência possível, manipulável pelas partes" (FALCÃO, 1984, p. 87).

Há uma mudança de rumo em relação aos temas de pesquisa envolvendo acesso à justiça a partir da criação dos Juizados Especiais de Pequenas Causas e a criação de agências estatais informais para a resolução de conflitos, deslocando a academia da apreciação do acesso à justiça coletivo para o individual. Esta vertente tinha como objetivo a ampliação do uso do Judiciário pela população brasileira por meio do fortalecimento da confiança e estreitamento da relação entre indivíduos e governo e suas instituições, bem como pela simplificação

[14] Tanto os trabalhos de Boaventura de Sousa Santos como as pesquisas que se seguiram não abordavam explicitamente o tema do acesso à justiça, mas o tema emerge em toda a produção, provavelmente porque partiam da premissa de inacessibilidade da Justiça pelos setores populares para estudar outras formas de resolução de conflitos (JUNQUEIRA, 1996, p. 3).

[15] A preocupação do autor com a democratização do Poder Judiciário o direcionou para a conclusão de que o acesso à Justiça seria "[...] um mecanismo que pode ou não estar a favor da implementação da representação coletiva dos cidadãos, como aperfeiçoamento do ideal democrático" (FALCÃO, 1981, p. 76).

de procedimentos e uso de agências judiciais informais de solução de conflitos (SANTOS, 1993, p. 195).

Para os atores voltados à pesquisa em relação ao acesso coletivo à Justiça, o enfoque na perspectiva individual de acesso como, por exemplo, facilitar o uso do Judiciário por meio da criação de Juizados Especiais, seria uma estratégia "instrumental, autonomizante e normativista" (JUNQUEIRA, 1996, p. 6), insuficiente para equacionar a questão do acesso à justiça em sua origem e em seus aspectos substantivos (OLIVEIRA e PEREIRA, 1988, p. 15 *apud* JUNQUEIRA, 1996).

Influenciadas por esses estudos, as alterações em relação ao acesso à justiça no âmbito legislativo até meados dos anos 1980 se concentraram em desenhar mecanismos informais de solução de conflitos de menor complexidade, bem como de demandas coletivas (GABBAY, ASPERTI e COSTA, 2017, p. 6). A Lei da Ação Civil Pública (Lei 7.347/1985), por exemplo, que disciplinou a defesa coletiva de direitos transindividuais, trouxe para o campo normativo a noção de acesso à justiça coletivo, sendo posteriormente complementada pela criação do Código de Defesa do Consumidor (Lei n. 8.078/1990). No mesmo sentido, a Lei n. 7.244/1984, que instituiu os Juizados de Pequenas Causas, também compartilha do mesmo ideal de ampliação do acesso e garantia de judicialização de problemas que antes restavam à margem do sistema de justiça.[16]

No entanto, o mais importante marco legislativo de garantia de acesso à justiça foi a promulgação da Constituição Federal em 1988. A carta prevê o direito ao acesso à justiça em seu artigo 5º, XXXV, estabelecendo que nenhuma lesão ou ameaça a direito será excluída da apreciação do Poder Judiciário. Trata-se de uma característica muito relevante do sistema jurídico brasileiro,

[16] O texto da exposição de motivos da Lei n. 7.244/1984 esclarece que o seu objetivo é democratizar o Judiciário providenciando formas de acesso a mecanismos oficiais de resolução de disputas: "A ausência de tratamento judicial adequado para as pequenas causas [...] afeta, em regra, gente humilde, desprovida de capacidade econômica para enfrentar os custos e a demora de uma demanda judicial. A garantia meramente formal de acesso ao Judiciário, sem que se criem as condições básicas para o efetivo exercício do direito de postular em Juízo, não atende a um dos princípios basilares da democracia, que é o da proteção judiciária dos direitos individuais [...]. Impõe-se facilitar ao cidadão comum o acesso à Justiça, removendo todos os obstáculos que a isso se antepõem. O alto custo da demanda, a lentidão e a quase certeza da inviabilidade ou inutilidade do ingresso em Juízo são fatores restritivos, cuja eliminação constitui a base fundamental da criação de novo procedimento judicial e do próprio órgão encarregado de sua aplicação, qual seja o Juizado Especial de Pequenas Causas".

na medida em que ao acesso à justiça foi garantido *status* de *"enforceable right"*, tanto em sua perspectiva substancial de promoção de transformação social e concretização de direitos constitucionais, como na perspectiva processual, de expansão, racionalização e controle do aparato governamental (GALANTER, 1974).[17]

A Constituição Federal também teve seu papel na promoção de direitos coletivos ao estipular formas de tutela desses direitos: mandado de injunção, mandado de segurança coletivo e a arguição de descumprimento de preceito fundamental, além de ampliar o cabimento da ação popular.

O diagnóstico de dificuldade de acesso à justiça pela população mais pobre e a necessidade de lidar com essa questão fica visível nos debates parlamentares de elaboração da Constituição Federal de 1988, em especial, no âmbito do subcomitê responsável pela reestruturação do sistema de justiça (GABBAY, ASPERTI e COSTA, 2017, p. 11). Essa agenda, no entanto, perdeu o fôlego nos anos que se seguiram, abrindo espaço para uma nova agenda relativa ao acesso à justiça.

A Emenda Constitucional n. 45/2004 constitui o marco normativo relevante em relação a essa nova agenda.[18,19] A partir da década de 1980[20] diversos países enfrentaram uma reforma judiciária de grandes proporções, o que não foi diferente no Brasil (HAMMERGREN, 2004). Incentivados por discursos neoinstitucionalistas (NORTH, 1990) que enxergavam no direito um instrumento de promoção de desenvolvimento econômico e de conformação do mercado, esses países optaram por reformas que visassem garantir maior

[17] O acesso à justiça assume tamanha centralidade na estrutura do Estado Democrático de Direito brasileiro que a definição estabelecida no texto constitucional o confunde com a inafastabilidade da jurisdição (FRANCISCO, 2018, p. 16).

[18] Helena Campos Refosco (2018, p. 62) analisou o papel do acesso à justiça na reforma do judiciário e, observando os anais legislativos, debates parlamentares entre outros documentos governamentais, conclui que a relevância do tema foi grande.

[19] O movimento de acesso à justiça é impulsionador de reformas jurídicas (CAPPELLETTI, 1992, p. 22).

[20] Durante o processo de abertura política pós-Regime Militar e, antes mesmo da promulgação da Constituição Federal, algumas mudanças em relação ao sistema jurídico já estavam sendo pensadas e planejadas no Brasil. O chamado "Pacote de Abril", como ficou conhecida a Emenda Constitucional n. 7/1977, previu diversas alterações. Entre elas podemos citar a criação do Conselho Nacional da Magistratura e a determinação de edição da Lei Orgânica da Magistratura Nacional.

segurança jurídica (*"rule of law"*) e eficiência do Poder Judiciário (REFOSCO, 2018, p. 39; TRUBEK e SANTOS, 2011).

Um dos argumentos principais a embasar esse discurso identificava na falta de segurança jurídica e de previsibilidade do ordenamento jurídico brasileiro entraves ao desenvolvimento econômico do país (ARIDA, BACHA e LARA-RESENDE, 2005), uma vez que a falta de padronização e organização administrativa e jurisprudencial do Judiciário, além de sua morosidade, seriam responsáveis por inibir a ampliação do mercado de crédito e a atração de investimentos estrangeiros (ALMEIDA e CUNHA, 2012, p. 361).

No Brasil, a ideia de reforma do Judiciário surge dentro do contexto de revisão constitucional que, de acordo com o artigo 3º do Ato das Disposições Constitucionais Transitórias (ADCT), deveria ser realizada cinco anos após a promulgação da Constituição. Por iniciativa de Hélio Bicudo foi criado o Projeto de Emenda Constitucional 96/1992, que deu origem à EC 45/2004, que ficou conhecida como Reforma do Judiciário (REFOSCO, 2018, p. 55). Destaque-se que, apesar dos já diagnosticados problemas do Poder Judiciário, durante a revisão constitucional não foram estabelecidas quaisquer emendas voltadas à reforma. As discussões em relação ao tema, no entanto, se aprofundaram nos anos seguintes, apontando para uma alteração institucional culminando com o apensamento à PEC original de outros projetos relevantes.[21] As razões para a realização de uma ampla reforma no Judiciário foram variadas (e, em muitos momentos, contrastantes), conforme aponta Maria Fernanda Rodovalho (2012, p. 83). A convergência de fatores como: a influência do Banco Mundial, as deficiências do Poder Judiciário, os resultados de CPI instalada para verificá-las,[22] o custo e o apoio do Poder Executivo teria criado uma "janela política" a viabilizar a reforma.

Nesse sentido, um dos pontos principais em relação à reforma do Judiciário diz respeito à multiplicidade de interesses e visões em disputa dentro do

[21] A PEC 112-A relativa ao controle externo do Judiciário; PEC 127-A que tratava da aposentadoria compulsória dos juízes; PEC 368-A da federalização de crimes contra direitos humanos e PEC 500-A sobre efeito vinculante das decisões do Supremo Tribunal Federal.

[22] A Comissão Parlamentar de Inquérito (CPI) do Judiciário foi originada a partir de escândalos envolvendo o referido poder. O presidente à época, Luiz Inácio Lula da Silva, chegou a dizer que era necessário "abrir a caixa-preta do Judiciário". Disponível em: http://www.stf.jus.br/portal/cms/verNoticiaDetalhe.asp?idConteudo=60541. Acesso em: 12 dez. 2018.

projeto. Perspectivas díspares e contrapostas sobre os temas discutidos no âmbito da reforma dificultavam a formação de consensos, em parte em razão da constitucionalização de direitos econômicos e sociais, o que pressupunha uma nova forma de atuação do Poder Judiciário. A dificuldade de estabelecer pontos em comum entre as visões distintas era de tal ordem que o projeto tramitou por 13 anos antes da EC 45/04 ser promulgada.

É importante destacar que o projeto original (PEC 92/1992) sofreu alterações profundas, sendo afetado pelo discurso da crise do Judiciário e seus efeitos negativos no âmbito econômico (GABBAY, ASPERTI e COSTA, 2017, p. 11). A reforma original estava calcada em preocupações como gratuidade de serviços jurídicos e da Justiça, equidade e imparcialidade das decisões judiciais e pluralismo jurídico, ou seja, em democratizar o sistema de Justiça, em consonância com as reformas precedentes. A reforma realizada, no entanto, aprovou uma agenda "racionalizadora e centralizadora"[23] da atividade judicial (ALMEIDA e CUNHA, 2012, p. 365).

Frederico Almeida e Luciana Gross Cunha (2012, p. 368-377) propõem três hipóteses para a predominância dessa agenda em detrimento da agenda democratizante na reforma do Judiciário: (a) o contexto político internacional; (b) específica correlação de forças políticas internas e (c) dispersão de resultados empíricos alternativos ao diagnóstico sobre o Judiciário e economia. As três hipóteses giram em torno do diagnóstico acima mencionado de que a ausência de segurança jurídica e previsibilidade do ordenamento jurídico no Brasil afetariam seu crescimento econômico (ALMEIDA e CUNHA, 2012, p. 361).

Em relação à primeira hipótese, os autores afirmam que o Brasil passava por um processo de maior inserção do país na ordem internacional, tanto em razão de sua abertura política e econômica pós-Regime Militar, como por seu alinhamento às diretrizes de reformas do Estado de entidades internacionais como, por exemplo, o Banco Mundial e o Banco Interamericano de Desenvolvimento (ALMEIDA e CUNHA, 2012, p. 369).

[23] "[...] a proposta aprovada em 2004, criou um conjunto de instrumentos judiciais que centralizaram a tomada de decisões no Judiciário, ao mesmo tempo que exigiu que ele fosse responsivo e transparente na prestação de um serviço de qualidade em termos de custos, tempo e capacidade técnica, produzindo decisões racionais e coerentes" (ALMEIDA e CUNHA, 2012, p. 365).

Helena Campos Refosco (2018) faz uma análise do papel do Banco Mundial na reforma judiciária brasileira,[24] avaliando que empréstimos conferidos pelo Banco estavam atrelados à realização de certas mudanças no sistema jurídico brasileiro, principalmente em relação ao cumprimento de contratos, execução de dívidas e processo falimentar.[25] Além disso, enfatizava a importância de um Judiciário eficiente, previsível, economicamente acessível e célere. O arcabouço teórico que envolveu essas reformas – neoliberal e formalista – estava alicerçado na nova concepção de Direito, que passou a ser visto como componente do desenvolvimento.[26]

Os motivos políticos do Banco Mundial para patrocinar reformas jurídicas amplas nos países latino-americanos foram ponto de debate tanto no âmbito parlamentar, como por acadêmicos que analisaram o processo de reforma.[27] Alvaro Santos (2011, p. 258) aponta para as mudanças no discurso do Banco Mundial ao longo dos anos, que ficam exemplificadas pela variação de sentidos do conceito de *"rule of law"* adotado pela organização. Segundo o autor, o termo se tornou conceito-chave a fim de garantir a obtenção de consensos em torno de reformas jurídicas de profundas implicações sociais, políticas e econômicas, sob uma suposta neutralidade e, ainda, funcionava como proteção em relação aos críticos da reforma. A realidade é que, apesar da participação e do protagonismo de atores nacionais, a influência de pressões estrangeiras na elaboração da reforma do Judiciário brasileiro é clara (REFOSCO, 2018, p. 58).

A segunda hipótese levantada por Frederico de Almeida e Luciana Gross Cunha (2012, p. 369) para a prevalência do discurso racionalizador em detrimento da agenda democratizante na Reforma do Judiciário é o contexto

[24] Outros autores também tratam da temática: Shihata (1995) e Hammergren (2004).

[25] The Bank has various financing instruments for legal and judicial reform efforts, including adjustment, investment, learning and innovation, and adaptable program loans and institutional development grants (THE WORLD BANK, 2002, p. 7). Disponível em: http://siteresources.worldbank.org/BRAZILINPOREXTN/Resources/3817166-1185895645304/4044168-1186409169154/18initiativesFinal.pdf. Acesso em: 12 dez. 2018.

[26] Nesse sentido, Helena Campos Refosco: "o formalismo jurídico [...] implicou uma agenda de transplantes de instituições dos países centrais para os periféricos como política adotada pelas grandes organizações multilaterais a partir da década de 1990" (2018, p. 42). E, ainda, Alvaro Santos: "Law is at the center of development discourse and practice today. The idea that the legal system is crucial for economic growth now forms part of the conventional wisdom in development theory" (2006, p. 253).

[27] Sobre o tema, ver mais em Trubek e Galanter (1974).

político brasileiro, em especial, das forças internas ao campo político da justiça.[28] De acordo com os autores, as vantagens apontadas pelo discurso predominante de desenvolvimento econômico beneficiariam não apenas os agentes necessariamente vinculados ao campo econômico (empresários, instituições financeiras, investidores, etc.), mas também as elites políticas e jurídicas. Isso porque reformas institucionais calcadas nessa agenda reforçariam as decisões judiciais provenientes dos tribunais superiores, submetendo instâncias inferiores (tribunais e juízes) ao controle disciplinar e administrativo centralizado, o que aumentaria o poder dessas elites, mantendo a relação íntima entre política e justiça.

A terceira hipótese traçada pelos autores em relação ao deslocamento de agendas durante a elaboração da EC 45/2004 está relacionada à dispersão de pesquisas empíricas que trabalhavam resultados alternativos sobre a relação do Judiciário e economia ao discurso predominante. Afirmam que os pesquisadores que identificaram obstáculos ao acesso à justiça e à efetivação da cidadania – sustentáculos da agenda democratizante – não foram capazes de articular de forma contundente um diagnóstico alternativo, perpetuando, ainda que contra sua vontade, a oposição entre desenvolvimento econômico e social e deixando de lado preocupações com acesso à justiça e cidadania (ALMEIDA e CUNHA, 2012, p. 369; GABBAY, ASPERTI e COSTA, 2017, p. 15).

Sejam quais forem as razões pelas quais a Reforma do Judiciário adquiriu caráter eficientista e racionalizador, a realidade é que, ao fim, a EC 45/04 respondeu a diversos dos objetivos delineados por tal lógica e produziu resultados palpáveis, principalmente em relação à introdução no ordenamento jurídico de ferramentas gerenciais e de fortalecimento dos precedentes (REFOSCO, 2018, p. 52). São exemplos: a previsão da razoável duração do processo como princípio constitucional; criação da súmula vinculante; criação de mecanismos de julgamento de casos repetitivos, critérios objetivos de

[28] Campo político da justiça seria o espaço de circulação e exercício do poder da administração da justiça estatal, que transcende posições e arenas institucionais, sendo estruturado também a partir da concentração de diversas formas de capitais (sociais e políticos) e, em especial, da articulação que as estruturas de capitais compartilhados permite entre diferentes posições institucionais, ocupadas por membros com trajetórias e perfis semelhantes (ALMEIDA, 2010, p. 296).

produtividade no exercício da jurisdição e a criação do Conselho Nacional de Justiça (CNJ).

Apesar da reforma ter trazido algumas melhorias no âmbito do acesso à justiça (o fortalecimento das Defensorias Públicas seria um bom exemplo), o discurso de necessidade de eficiência do Judiciário para o desenvolvimento econômico foi dominante, e não o acesso à justiça. A alegada "explosão de litigiosidade", apontada como responsável pela incerteza judicial e a morosidade, foi escolhida como alvo da reforma, resultando em um abandono das ideias voltadas à justiça redistributiva. O discurso do acesso à justiça é manipulado e deturpado, sendo associado à ideia de eficiência e passa a ser utilizado como justificativa para legitimar as alterações legislativas propostas. São deixadas de lado, portanto, as preocupações em relação a quem seriam os verdadeiros usuários do sistema de justiça e quais atores de fato se beneficiariam das mudanças realizadas (GABBAY, ASPERTI e COSTA, 2017, p. 15).

No caso da referida "explosão de litigiosidade", Ugo Mattei chega a apontar que seria uma expressão inventada e que teria substituído o acesso à justiça como preocupação no âmbito das reformas judiciais. Desse modo, o acesso à justiça teria se tornado um "não problema", o que ficaria confirmado pelo desaparecimento de produção acadêmica sobre o tema nos últimos anos (2007, p. 3).[29] O autor retrata ainda que a questão do acesso à justiça passa a ser enxergada de uma perspectiva de limitação do acesso às cortes, uma vez que a referida "explosão de litigiosidade" comprometeria a eficiência dos sistemas de justiça.

1.1. A crise do Judiciário e o acesso à Justiça

Conforme observado, a Reforma do Judiciário se baseou em um diagnóstico de que o Poder Judiciário brasileiro estava em crise e que não era capaz de cumprir com as suas funções de maneira célere e eficiente, o que motivou uma série de mudanças no sentido de aprimorar seu funcionamento.

[29] "Some countries simply stopped worrying about the unsatisfactory state of their systems of access to justice, while others, where their systems were in a more advanced phase of "privatization", were undermining its legitimacy by working out even more privatized and justice-remote models of dispute resolutions" (MATTEI, 2007, p. 3).

Para que possamos compreender de que crise estamos falando, antes de tudo é preciso compreender qual o papel do Judiciário e o que se pode esperar dele no contexto brasileiro.

1.1.1. Aspectos do Poder Judiciário: instrumental, político e simbólico

É possível identificar dois pontos contrastantes com relação ao Poder Judiciário no Brasil. Por um lado, acentuou-se seu protagonismo em relação aos demais poderes (SANTOS, MARQUES e PEDROSO, 1996, p. 1), por outro, identifica-se uma crise em sua atuação, na medida em que não consegue cumprir com suas atribuições de forma eficiente (FARIA, 2004, p. 103).[30] Trata-se de poder de acentuada relevância, porém de eficiência baixa.[31]

A crise do Judiciário é um dos temas mais discutidos no âmbito do direito processual brasileiro, havendo praticamente um consenso com relação à incapacidade do Estado brasileiro em oferecer respostas adequadas e céleres ao crescente número de processos ajuizados anualmente (SADEK, 2004, p. 83). Nesse sentido, tanto a crise do Judiciário como a opinião da população com relação à sua ineficiência são utilizadas como justificativa para constantes transformações na estrutura e no aparato judicial brasileiro (SADEK e ARANTES, 1994, p. 36).

Compreender como se chegou ao diagnóstico de crise desse poder é essencial para que possamos avaliar quais aspectos dessa crise o IRDR pretende contornar. Além disso, compreender o que se espera do Poder Judiciário é essencial para trabalhar o conceito de "acesso à justiça", uma vez que diferentes percepções em relação ao seu papel influenciam diretamente a concepção e aplicação de técnicas processuais que, por sua vez, são influenciadas

[30] "O Judiciário brasileiro vem sendo questionado nas últimas décadas quanto ao seu papel na sociedade e quanto a sua baixa capacidade de resposta diante do crescimento exponencial de demandas levadas a ele. Pesquisas e estudos, inclusive financiados por organizações internacionais, retratam esse diagnóstico de crise do Poder Judiciário brasileiro" (GABBAY e CUNHA, 2013, p. 23).

[31] "As instituições refletem e ao mesmo tempo impulsionam essas mudanças (...) O Judiciário de hoje está muito distante daquele anterior à redemocratização do País. Com a Constituição de 1988, a instituição ganhou nova identidade. Posteriormente, em dezembro de 2004, a Emenda Constitucional n. 45, conhecida como a Reforma do Judiciário, contribuiu de forma decisiva para a sua transformação" (GABBAY e CUNHA, 2013, p. 17).

por agendas acadêmicas e discursos políticos em constante modificação (ASPERTI, 2018, p. 29).

O primeiro passo nesse sentido consiste, portanto, em definir quais são as funções atribuídas ao Poder Judiciário no contexto brasileiro. Falamos em funções no plural porque, quando observado da perspectiva de seu desempenho, o Judiciário é usualmente encarado apenas da perspectiva de sua função de solucionador de litígios (SANTOS, MARQUES e PEDROSO, 1996, p. 55). Apesar de ser uma de suas funções principais e, talvez, a mais relevante, não é a única e, para que possamos compreender a crise da justiça de forma mais completa, é necessário abordar as diversas perspectivas nas quais o poder Judiciário atua.

Boaventura de Sousa Santos, Maria Manuel Leitão Marques e João Pedroso (1996) identificam as três principais atribuições do Judiciário: instrumental, política e simbólica. Os autores partem do pressuposto, no entanto, de que esse é um entendimento amplo e mutante das funções dos tribunais na sociedade e que, claramente, uma detém influência sobre a outra, sendo impossível compreendê-las isoladamente.

Observar o Judiciário a partir de sua função instrumental implica a análise da sua atuação como prestador de serviço público, incumbido de dirimir conflitos (FARIA, 2004, p. 104), distribuir justiça e arbitrar disputas.[32] Além disso, exige atenção ao papel desse poder no sentido de controle social, mais especificamente em relação à garantia da ordem e sua restauração quando é violada.[33] A função instrumental constitui a dimensão mais relevante e de maior visibilidade do Judiciário, pela qual é possível apurar o seu desempenho quantitativo e as variações dos índices de litigiosidade e oferta de respostas jurisdicionais aos cidadãos (GUIMARÃES, 2017, p. 42).

A função política do Judiciário, por sua vez, consiste na sua capacidade de contribuir para a manutenção do sistema político (SANTOS, 1993 p. 55), estando diretamente relacionada à dinâmica da sua relação com os demais Poderes de Estado. Relaciona-se com o exercício da soberania, do papel do

[32] Pode-se dizer que a resolução dos litígios levada a cabo pelos tribunais configura, em si mesma, uma função de controle social.

[33] A função instrumental também se relaciona com funções administrativas (atos notariais e de certificação, por exemplo) e de criação do direito, que pode ser especialmente problemática em se tratando de países regidos pelo sistema *civil law* (SANTOS, 1993, p. 56).

Judiciário como "instrumento para a realização da justiça social e para a promoção de direitos, incorporando valores da igualdade social, econômica e cultural" (SADEK, 2004, p. 79).

O Judiciário foi concebido na Constituição de 1988 como o mediador de conflitos entre Legislativo e Executivo, sendo chamado a agir quando da necessidade de análise da legislação e sua adequação ao texto constitucional, bem como o julgamento das políticas públicas estabelecidas pela atuação do Poder Executivo (SADEK, 2004, p. 84-85). Ou seja, o Judiciário não se limita a interagir com o sistema político, constituindo parte relevante dele.

Além disso, a possibilidade dos cidadãos de recorrer a um Judiciário independente, acessível e eficaz configura uma das formas de exercício da cidadania e de participação política, bem como de legitimação do sistema político (SANTOS, 1993, p. 60).

A função simbólica, como bem resumida por Faria (2004, p. 104), "dissemina um sentido de equidade e justiça na vida social. Socializa as expectativas dos atores na vida política". Em outras palavras, a sociedade e os indivíduos que a compõem calibram suas expectativas a partir das respostas judiciais, bem como as consequências possíveis de suas condutas, planejando-as a partir desse cenário. Ou seja, pensar na função simbólica do Judiciário também implica entender a impressão e a percepção dos indivíduos com relação a essa instituição.

1.1.2. Os diversos aspectos da crise do Judiciário

Em um exercício de mapeamento da crise do Judiciário sob seus diversos aspectos, Sadek e Arantes (1994, p. 36) distinguiram três áreas de questões críticas relativas ao Judiciário, sendo elas: estrutural, institucional e relativa aos procedimentos.

A crise institucional do Judiciário se relaciona especialmente com a sua função política, uma vez que diz respeito à organização tripartite dos poderes. O sistema delineado pela Constituição Federal de 1988 que atribuiu elevado grau de autonomia ao Judiciário, o presidencialismo e um modelo singular de separação de poderes,[34] entre outras características, atribuiu aos tribunais a

[34] "Ao mesmo tempo que fortaleceu o Legislativo – com a ampliação de seus poderes de controle e fiscalização, facultou ao Executivo a possibilidade de legislar por meio de medidas provisórias" (SADEK e ARANTES, 1994, p. 37).

responsabilidade pela mediação política, pelo controle constitucional dos atos legislativos do governo e pelo julgamento de políticas públicas nas ações que questionam a ação concreta do Poder Executivo.[35] Nas palavras dos autores "a rigor, foi criado um sistema no qual as áreas de conflito entre o Executivo e o Legislativo estimulam uma politização excessiva do Judiciário,[36] fenômeno geralmente conhecido como "judicialização da política" (SADEK e ARANTES, 1994, p. 37).

A tensão que surge a partir desse desenho institucional está relacionada à exigência de um julgamento técnico e jurídico-formal por parte do Judiciário de conflitos essencialmente políticos. Nesse ponto, questiona-se tanto a legitimidade como a competência do Judiciário para atuar nesse sentido. O Judiciário, portanto, está inserido em um arranjo institucional que é caracterizado não por uma separação e divisão de responsabilidades entre os poderes, mas sim em um sistema de multivetos, em que cada poder tem força para impedir o outro de agir. Desse modo, o Judiciário a partir de sua estrutura descentralizada consegue inviabilizar políticas públicas e proferir decisões sem uniformidade.

Tanto a crise estrutural como a relativa aos procedimentos concentram-se na incapacidade de o Judiciário atuar eficientemente no exercício de sua função instrumental. A crise estrutural teria por base a pesada estrutura do Judiciário somada à falta de agilidade, ambos problemas derivados de uma organização insuficiente para lidar com a demanda por justiça pelo número reduzido de juízes (e sua má distribuição pelo território nacional), sua mentalidade corporativista e pouco sensível a mudanças, a baixa qualificação dos bacharéis, deficiências no quadro de servidores, baixa utilização de ferramentas tecnológicas, poucos recursos materiais, entre outros (SADEK e ARANTES, 2004, p. 38).

[35] "O modelo de presidencialismo consagrado pela Constituição de 1988 conferiu ao Judiciário e aos seus integrantes capacidade de agirem politicamente, quer questionando, quer paralisando políticas e atos administrativos, aprovados pelos poderes Executivo e Legislativo, ou mesmo determinando medidas, independentemente da vontade expressa do Executivo e da maioria parlamentar" (SADEK, 2004, p. 79).

[36] A transferência compensatória da legitimação do sistema político implicou em uma sobrecarga política dos tribunais, conforme é possível observar no caso brasileiro (SANTOS, 1993, p. 60).

A crise relativa aos procedimentos atinge outra perspectiva que não está relacionada apenas com questões de natureza estrutural, mas sim de ordem legislativa. O excesso de formalidades e burocracia impostos pelas normas processuais dificultam o andamento dos processos.

Faria (2004, p. 24) aponta, ainda, a incompatibilidade da estrutura arquitetônica do poder Judiciário e a realidade socioeconômica de onde parte e sobre a qual atua. De acordo com o autor, o Judiciário foi idealizado para atuar em um ambiente social estável, com níveis equitativos de distribuição de renda e sempre foi pensado a partir da concepção burocrática de um sistema baseado em procedimentos escritos e em conflitos jurídicos essencialmente interindividuais. Nesse sentido, a realidade brasileira seria incompatível com esse modelo de Judiciário, seja pela existência de desigualdades sociais, regionais e setoriais que bloqueiam o acesso de parcela da população aos tribunais, seja pelo sistema legal fragmentário, constituído por uma série de regras editadas casuisticamente, que dificulta a criação de um sistema previsível.

Em relação à crise do aspecto simbólico do Poder Judiciário, não se pode afirmar ser uma consequência direta da crise nas demais perspectivas. Na opinião de Boaventura de Souza Santos (1993, p. 61), não há necessariamente relação linear entre elas, de modo que uma pode ocorrer sem implicar o comprometimento da outra. O que se pode afirmar da crise simbólica do Poder Judiciário é que está diretamente relacionada à falta de confiança dos jurisdicionados com a instituição, que se deve a fatores como a morosidade processual e a ausência de segurança jurídica e tratamento isonômico dos sujeitos em situações similares (GUIMARÃES, 2017, p. 64). Nesse sentido, o Índice de Confiança na Justiça[37] referente ao 1º semestre de 2017 indica que apenas 24% dos entrevistados confiam no Poder Judiciário, demonstrando que houve uma queda significativa de confiança em relação aos anos anteriores (em 2013, o índice chegou a 34% dos entrevistados). A título de comparação, o Poder Judiciário encontra-se bastante abaixo no ranking em relação às instituições pesquisadas como, por exemplo, as Forças armadas (56%) ou a Igreja Católica (53%), conforme demonstra o Gráfico 1, a seguir.

[37] Relatório publicado pela Fundação Getulio Vargas, disponível em: http://bibliotecadigital.fgv.br/dspace/bitstream/handle/10438/19034/Relatorio-ICJBrasil_1_sem_2017.pdf?sequence=1&isAllowed=y. Acesso em: 20 maio 2018).

Gráfico 1 – Confiança nas instituições

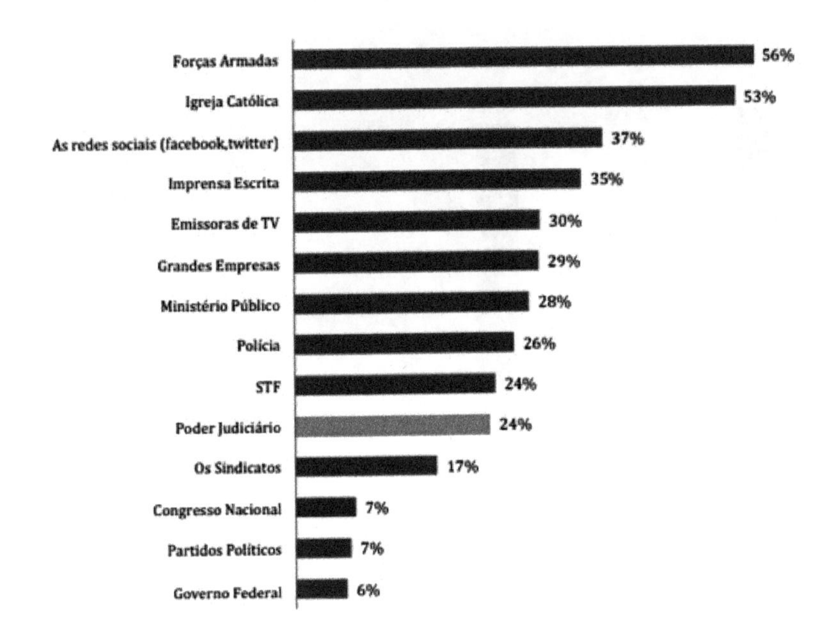

Fonte: ICJ (2017).

O índice ainda revela que a morosidade na prestação jurisdicional e o custo são as principais razões a gerar desconfiança, sendo ambas assim identificadas por 81% dos entrevistados (Gráfico 2).

Gráfico 2 – Avaliação do Judiciário a partir das diversas dimensões da Justiça (aspectos negativos)

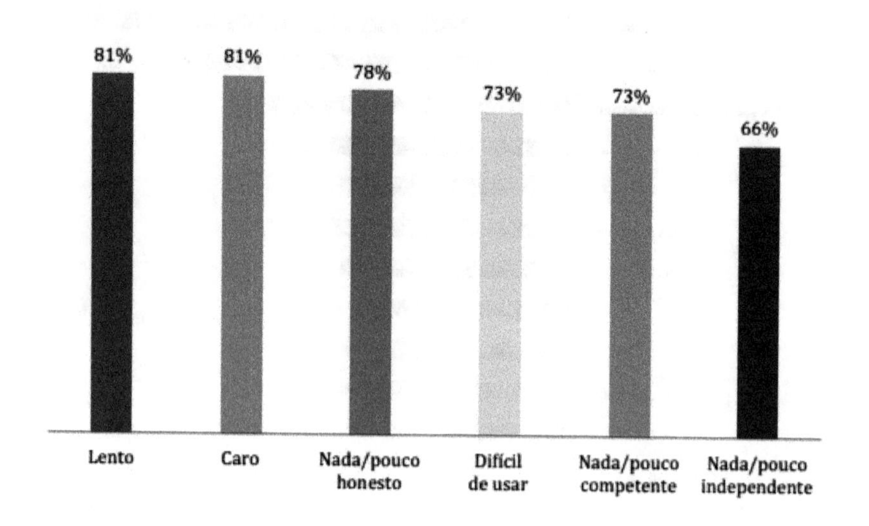

Fonte: ICJ (2017).

1.2. O aumento da litigiosidade como fator fundamental da crise

A realidade demonstra certo descompasso entre a sociedade e as soluções oferecidas aos cidadãos para os conflitos que surgem. A estrutura institucional do Judiciário tal como ela se estabelece nos dias de hoje é incapaz de absorver a demanda por resolução de controvérsias, deixando de fornecer soluções razoáveis, previsíveis e financeiramente acessíveis a todos (SADEK, 2004; ASPERTI, 2014; CNJ, 2018). Essa incapacidade do Poder Judiciário está diretamente relacionada ao aumento da litigiosidade,[38] ou seja, à intensificação da procura pela resposta jurisdicional por parte da sociedade brasileira, que exige maior capacidade estrutural e gerencial.

[38] Importante ressaltar que, para os fins do presente trabalho, litigiosidade será entendida como "demanda pela prestação jurisdicional" (ASPERTI, 2014, p.16). Estudar a litigiosidade consiste invariavelmente no estudo da participação do Estado na solução dos conflitos, pois a litigiosidade pressupõe a intervenção do terceiro na solução do conflito. Essa observação depende do processo histórico de cada país.

Dados publicados anualmente pelo CNJ, disponibilizados no Relatório da Justiça em Números[39] demonstram o aumento crescente no número de questões trazidas ao Judiciário todos os anos. Esse documento constitui a principal fonte estatística do Judiciário brasileiro, identificando as principais evidências e análises relativas à litigiosidade como um todo.

O último relatório do ano de 2018 revela que o estoque de processos em tramitação no Poder Judiciário chegou a 80,1 milhões em 2017, e continua a aumentar desde o ano de 2009. O crescimento no número de processos nesse período foi de 31,9%, ou seja, 19,4 milhões de processos a mais. Isso significa que, mesmo que o Poder Judiciário ficasse paralisado e que não fosse admitido o ingresso de nenhuma demanda nova, seriam necessários aproximadamente 2 anos e 7 meses de trabalho para zerar o acervo, contando com a atual produtividade dos magistrados e servidores. O Gráfico 3, a seguir, revela a série histórica de movimentação processual (casos novos, pendentes e baixados),[40] ilustrando os dados apresentados. O Gráfico 4 apresenta a série histórica dos casos pendentes.

[39] Relatório publicado pelo CNJ em 2018, ano-base 2017, disponível em: https://www.cnj.jus.br/wp-content/uploads/2011/02/8d9faee7812d35a58cee3d92d2df2f25.pdf. Acesso em: 08 jun. 2020.

[40] O relatório "Justiça em números" considera como processos baixados todos aqueles que foram remetidos para outros órgãos judiciais competentes, desde que vinculados a tribunais diferentes, remetidos para instâncias inferiores ou superiores, arquivados definitivamente e em que tenha havido decisão transitada em julgado tendo sido iniciada a fase de liquidação, cumprimento ou execução.

Gráfico 3 – Série histórica dos casos novos e processos baixados

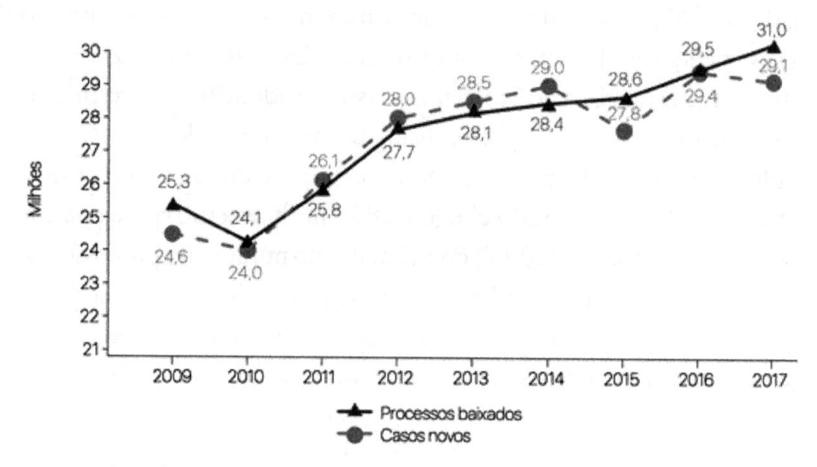

Fonte: CNJ (2018).

Gráfico 4 – Série histórica dos casos pendentes

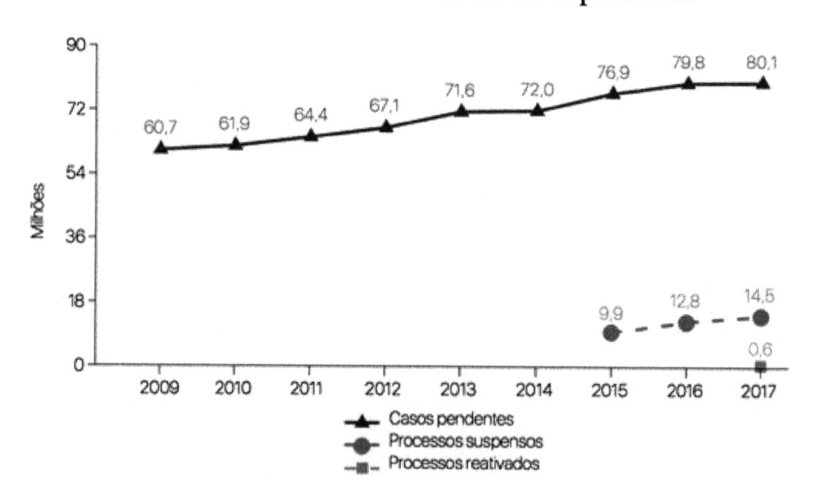

Fonte: CNJ (2018).

O aumento do volume de processos ajuizados anualmente tornou-se uma das questões submetidas a intensos debates e discussões no Direito Processual brasileiro, mas não se restringe aos limites territoriais do país. Trata-se de um movimento de caráter mundial e que possui causas múltiplas que dificilmente poderiam ser exauridas neste trabalho. Nesse sentido, buscaremos traçar um mapeamento de alguns dos fatores responsáveis pelo aumento da litigiosidade, em um exercício de contextualização do leitor em relação ao fenômeno do aumento da litigiosidade.

1.3. As causas do aumento da litigiosidade

Conforme abordado anteriormente, o aumento da litigiosidade é um fenômeno multifacetado e, dessa forma, é possível identificar uma miríade de causas possíveis para a sua existência sendo elas exógenas ou endógenas ao Judiciário (GABBAY e CUNHA, 2013). Não é o objetivo do presente trabalho identificar e descrever todas as causas relativas ao aumento da litigiosidade, de modo que neste tópico abordaremos somente algumas das questões principais envolvendo a questão. É relevante compreender a complexidade do problema – mesmo que de forma geral e não exaustiva – a fim de entender a necessidade de escolhas políticas precisas e embasadas para garantir melhores reformas judiciais capazes de adereçar os problemas gerados a partir do aumento da litigiosidade com maior precisão.

Entre as causas exógenas, aponta-se a transformação do Estado essencialmente liberal[41] em Estado social e a expansão de direitos civis, políticos, econômicos e sociais consubstanciados, no caso brasileiro, pela Constituição Federal de 1988, em especial, que contribuiu relevantemente para o aumento da litigiosidade brasileira. Esta constitui marco principal do período de transição política do regime militar para a democracia, consubstanciando em seu corpo direitos e garantias à cidadania, inclusive aqueles relativos ao acesso à Justiça.[42]

[41] "O triunfo ideológico do individualismo liberal e a exacerbação dos conflitos sociais em resultado da revolução industrial e urbana vieram pôr (*sic*) a questão central de como manter a ordem social numa sociedade que perdia ou destruía rapidamente os fundamentos em que tal ordem tinha assentado até então" (SANTOS, 1993, p. 56).

[42] No Brasil e demais países do Sul Global, em que a democracia vem se consolidando com mais firmeza nas últimas décadas, após passarem por regimes totalitários, os Tribunais têm assumido o papel de coadjuvantes importantes na efetivação do estado de bem-estar social, no entanto, de forma mais lenta e fragmentária (SANTOS, MARQUES e PEDROSO, 1996, p. 13).

A positivação de direitos e garantias pelo diploma constitucional gerou, em contrapartida, a obrigatoriedade da atuação do Estado na sua implementação, que passou a ser demandado para cumprimento de seu dever prestacional. Desse modo, o Judiciário, portanto, passa a ser convocado a oferecer resposta para novos tipos de conflitos devido à juridificação da justiça distributiva, resultado da consolidação de direitos sociais. Outro fator relevante para o aumento da litigiosidade é consequência direta da consolidação dos mencionados direitos. Esta foi estabelecida por meio de importantes criações legislativas, como a Lei de Ação Civil Pública (Lei n. 7.347/1985), o Código de Defesa do Consumidor (Lei n. 8.078/1990) e a criação do juizado de pequenas causas, em conjunto com o fortalecimento e a institucionalização do Ministério Público e da Defensoria Pública. No âmbito interno, portanto, estas reformas e outras facilitações permitiram o maior acesso da população ao Poder Judiciário, tanto a partir da criação de novas portas de busca pela tutela jurisdicional, bem como a melhoria da tramitação processual.

A onda de privatizações e desestatização pela qual o Brasil passou na década de 1990 também pode ser apresentada como uma das incentivadoras da procura pelo Judiciário. A economia de escala resultante do oferecimento de bens e serviços pela iniciativa privada gerou grande impacto social, ao massificar[43] seu acesso pela população (ABI-CHAHINE, 2015, p. 16).

Além disso, ao longo do século XX, a sociedade brasileira sofreu diversas transformações no que tange sua organização, passando pelo processo de urbanização (SADEK, 2004, p. 86), bem como o aumento da população, que passou a integrar aos poucos o mercado consumidor. A urbanização e

[43] Sobre massificação dos conflitos ver mais em Gabbay e Cunha (2013, p. 150): "Massificação das demandas, que é influenciada principalmente (1) massificação de informação, movimento potencializado por advogados e pela mídia; (ii) massificação do consumo e incapacidade de gestão empresarial de bens e de serviços cada vez mais sofisticados e diversificados; (iii) massificação na captação da clientela e ponderação da relação custos vs. Benefício; (iv) massificação e padronização da atuação em processos administrativos e judiciais: gestão de processos judiciais repetitivos por advogados, pelas empresas (terceirização de serviços advocatícios), pelos procuradores e pelo Judiciário".
E ainda: "[...] o que assume proporções mais imponentes é mais precisamente o fato de que se formam conflitos nos quais grandes massas estão envolvidas. É um dos aspectos pelos quais o processo recebe o impacto desta propensão do mundo contemporâneo para os fenômenos de massa: produção em massa, comunicação em massa, e porque não, processo de massa?" (MOREIRA, 1991, p. 187).

o aumento populacional analisados isoladamente não justificam o aumento da litigiosidade por si só, mas contribuem para a alteração do cunho das relações sociais, que se tornam cada vez mais complexas. O desenvolvimento econômico e social não induz, necessariamente, o aumento da litigância, mas a transformação da sociedade brasileira em uma sociedade de consumo altera e torna mais complexa a natureza da conflituosidade e a propensão a litigar (GUIMARÃES, 2017, p. 40).[44]

Essas mudanças sociais acompanhadas do desenvolvimento econômico das últimas décadas e da inclusão do operariado à nova burguesia (GUIMARÃES, 2017, p. 36), acarretaram, por sua vez, a expansão do mercado de consumo (BECKER, 2017, p. 34).

Além das causas já explicitadas, também é possível compreender como questões relacionadas ao aumento da litigiosidade as regulações administrativa e legislativa, que criam ou restringem o exercício de direitos (zonas cinzentas regulatórias e as práticas de gestão empresarial (GABBAY e CUNHA, 2013, p. 152),[45] bem como avanços tecnológicos que reduziram custos para ajuizamento de ações e contribuíram para a disseminação mais rápida e eficiente de informações (ABI-CHAHINE, 2015, p. 17).

1.4. O paradoxo "demandas de mais e demandas de menos". Quem de fato acessa o Judiciário?

Deve-se destacar, no entanto, que o aumento da litigiosidade não é por si só negativo. O acesso à justiça, por parte de uma parcela da população à qual esse direito era negado por diversas razões, pode ser apontado como um fator positivo no desenvolvimento recente do país.

A democratização do acesso à justiça e as reformas que ampliaram o ingresso de disputas no Judiciário foram encaradas por muitos como responsáveis pelo excesso de processos, a lentidão no seu julgamento e, consequentemente,

[44] Ver mais sobre a influência do processo de industrialização e urbanização no aumento da litigiosidade em Sadek (2004, p. 11).

[45] Regulações administrativa e legislativa, que criam ou restringem o exercício de direitos (zonas cinzentas regulatórias), marcos institucionais, às questões socioeconômicas, às práticas de gestão empresarial, entre outras (GABBAY e CUNHA, 2013, p. 152).

a má prestação jurisdicional oferecida pelo sistema de justiça brasileiro. Ademais, também é ressonante na doutrina a afirmativa de que a crise de excesso de processos no Judiciário e sua consequente lentidão no processamento teriam origem numa suposta "cultura demandista brasileira" (MANCUSO, 2011, p. 169). De acordo com esse entendimento, por questões sociais e culturais, no Brasil todo e qualquer litígio seria encaminhado ao Judiciário, ignorando-se outras formas de solução de conflitos. Em outras palavras, a tônica principal consiste na ideia de que um amplo acesso ao Judiciário, a positivação de direitos sem o devido respaldo de mecanismos que viabilizem sua efetivação, o pouco incentivo aos métodos não judiciais de solução de conflitos estariam no centro do problema do excesso de processos ajuizados no Brasil.

No entanto, apesar de o crescente aumento do número de processos ajuizados todos os anos trazer a sensação de maior acesso à justiça, essa impressão é, na realidade, falsa. A constatação de que a maioria dos conflitos submetidos à apreciação do Judiciário diz respeito aos mesmos agentes repetidas vezes combate essa afirmação. Nesse sentido, Paulo Eduardo Alves da Silva (2010, p. 30) afirma:

> O acesso à justiça é medido não apenas pelo aumento no volume de demandas, mas também pela diversidade dos cidadãos que buscam o Judiciário. O volume de demandas pode ser crescente, mas limita-se apenas a uma parcela da população.

Ocorre que, ainda que se verifique um aumento no número de processos judiciais nos últimos anos, isso não pressupõe a conclusão imediata de que essa elevação se deu apenas (ou principalmente) por maior acesso da população ao Judiciário (GARCÍA, 2016, p. 95). A realidade sobre o grande número de demandas no Brasil deve ser observada a partir da perspectiva dos atores envolvidos nas disputas para que se possa afirmar que a ampliação do acesso à justiça ou que a cultura demandista preponderante no Brasil são responsáveis (total ou parcialmente) pela crise de morosidade. Ou seja, identificar quais são os personagens presentes nos processos nos últimos anos, bem como as características desses conflitos, é o primeiro passo para que possamos avaliar se, de fato, existe uma cultura de judicialização de demandas no Brasil e se as tentativas de democratização do acesso à justiça e a ampliação dos mecanismos de entrada no Judiciário estão relacionadas com a crise pela qual o sistema de justiça brasileiro passa atualmente.

Trata-se do fenômeno identificado por Sadek (2004) como o "paradoxo das demandas de menos e demandas de mais".[46] Expressiva parcela da população encontra seu acesso aos serviços judiciais limitado e obstaculizado, enquanto outros setores usufruem em excesso desses serviços.

Pesquisa realizada pela CNJ (2012) buscou identificar quais são os principais atores nos processos judiciais brasileiros, conseguindo distinguir quem são os verdadeiros responsáveis pelo excesso de demandas e congestionamento do Judiciário brasileiro.

Ponto interessante desse diagnóstico é que o próprio Estado é um ator importante pelo grande número de demandas e, portanto, pelo congestionamento dos serviços forenses. De acordo com os dados apresentados no relatório, o Poder Público é um dos grandes litigantes brasileiros, participando de 51% do total de processos envolvendo os 100 maiores litigantes nacionais. As informações reveladas pelo relatório expõem, ainda, que o Instituto Nacional do Seguro Social (INSS) responde por mais de 40% do total de processos dos 100 maiores litigantes da Justiça Federal, sendo 81% desses processos referentes ao polo passivo. A Tabela 1, a seguir, expõe essas informações, ilustrando que, dentre os dez maiores litigantes brasileiros, seis são entidades do setor público.

[46] Resumidamente, pode-se sustentar que o sistema judicial brasileiro nos moldes atuais estimula um paradoxo: demandas de menos e demandas de mais. Ou seja, de um lado, expressivos setores da população acham-se marginalizados dos serviços judiciais, utilizando-se, cada vez mais, da justiça paralela, governada pela lei do mais forte, certamente menos justa e com altíssima potencialidade de desfazer todo o tecido social. De outro, há os que usufruem em excesso da justiça oficial, gozando das vantagens de uma máquina lenta, atravancada e burocratizada (SADEK, 2004, p. 86).

Tabela 1 – Maiores litigantes do Brasil

Rank	Cem Maiores Litigantes							
	Nacional		Justiça Federal		Justiça do Trabalho		Justiça Estadual	
1	INSS - INSTITUTO NACIONAL DO SEGURO SOCIAL	22,33%	INSS - INSTITUTO NACIONAL DO SEGURO SOCIAL	43,12%	UNIÃO	16,73%	ESTADO DO RIO GRANDE DO SUL	7,73%
2	CEF - CAIXA ECONÔMICA FEDERAL	8,50%	CEF - CAIXA ECONÔMICA FEDERAL	18,24%	INSS - INSTITUTO NACIONAL DO SEGURO SOCIAL	6,41%	BANCO DO BRASIL S/A.	7,12%
3	FAZENDA NACIONAL	7,45%	FAZENDA NACIONAL	15,65%	CEF - CAIXA ECONÔMICA FEDERAL	5,29%	BANCO BRADESCO S/A	6,70%
4	UNIÃO	6,97%	UNIÃO	12,77%	GRUPO CEEE - COMPANHIA ESTADUAL DE ENERGIA ELÉTRICA	5,22%	INSS - INSTITUTO NACIONAL DO SEGURO SOCIAL	5,95%
5	BANCO DO BRASIL S/A.	4,24%	ADVOCACIA GERAL DA UNIÃO	1,75%	BANCO DO BRASIL S/A.	4,82%	BANCO ITAÚ S/A	5,92%
6	ESTADO DO RIO GRANDE DO SUL	4,24%	FUNASA - FUNDAÇÃO NACIONAL DE SAÚDE	0,79%	TELEMAR S/A	4,31%	BRASIL TELECOM CELULAR S/A	5,77%
7	BANCO BRADESCO S/A	3,84%	INCRA - INSTITUTO NACIONAL DE COLONIZAÇÃO E REFORMA AGRÁRIA	0,48%	PETROBRÁS - PETRÓLEO BRASILEIRO S/A.	3,80%	BANCO FINASA S/A	4,08%
8	BANCO ITAÚ S/A	3,43%	EMGEA - EMPRESA GESTORA DE ATIVOS	0,47%	FAZENDA NACIONAL	3,29%	MUNICÍPIO DE MANAUS	3,81%
9	BRASIL TELECOM CELULAR S/A	3,28%	IBAMA - INSTITUTO BRASILEIRO DO MEIO AMBIENTE E DOS RECURSOS NATURAIS RENOVÁVEIS	0,47%	BANCO ITAÚ S/A	2,89%	MUNICÍPIO DE GOIÂNIA	3,76%
10	BANCO FINASA S/A	2,19%	BACEN - BANCO CENTRAL DO BRASIL	0,39%	BANCO BRADESCO S/A	2,81%	BANCO SANTANDER BRASIL S/A	3,14%

Fonte: CNJ (2011).

No entanto, existem outros atores responsáveis por grande parte dos litígios, que não o Estado: os bancos atuam em 38% dos processos, e as operadoras de telefonia contam com a porcentagem de 6% deles. Se considerarmos a participação do Poder Público, dos bancos, das operadoras de telefonia e das seguradoras, o percentual de participação chega a 95% dos processos que envolvem grandes litigantes.

Nesse mesmo sentido, a Associação dos Magistrados Brasileiros (AMB) constatou, em pesquisa realizada em 2015,[47] que o Poder Público (municipal, estadual e federal) concentra a maior parte das ações iniciadas no Primeiro Grau e observou, ainda, que o bloco econômico – representado pelo setor financeiro – é o principal demandado em diversos Tribunais de Justiça (Bahia, Distrito Federal, Espírito Santo, Mato Grosso do Sul, Paraíba, Rio de Janeiro, Santa Catarina e São Paulo). Ainda nesse sentido, entre 2010 e 2013, apenas três atores foram responsáveis por 50% dos processos ajuizados em Primeiro Grau no Tribunal de Justiça da Bahia, todos do setor público.

Rodolfo de Camargo Mancuso (2011, p. 170) afirma que o Poder Judiciário funciona, para esses atores, como um balcão de resolução de conflitos,

[47] Disponível em: http://www.amb.com.br/wp-content/uploads/2018/05/Pesquisa-AMB-10.pdf. Acesso em: 3 mar. 2018.

gerenciando demandas e questões que caberiam às partes resolver em outro âmbito, que não o judicial. Nesse sentido:

> Não raro, torna-se cômodo e interessante para os clientes habituais do Judiciário (v.g., Poder Público, empresas de seguro-saúde, entidades de crédito ao consumidor, administradoras de cartão de crédito, empresas de telefonia) deixar que as pendências se judicializem e permaneçam *sub judice* o maior tempo possível: isso dispensa tais litigantes de investir em recursos humanos e materiais na organização de serviços de atendimento ao público, que, bem manejados, preveniriam pendências e resolveriam aquelas já instaladas. Dado que este vasto segmento trabalha em economia de escala na sua relação com a Justiça Estadual, o custo de acompanhamento dos processos não pesa significativamente, sendo antes um modo inteligente de repassar ao Estado o encargo de gerenciar tais pendências. Não admira que tantas empresas prefiram adotar uma política de apenas pagar direitos trabalhistas em Juízo, assim se poupando do custo de organizar o seu próprio Departamento Jurídico, repassando ao Judiciário (numa sorte de terceirização) o ônus de analisar a pretensão do ex-empregado, calcular o *quantum* indenizatório e ainda presidir eventual negociação.

De acordo com Marc Galanter (2010), os sistemas de justiça da maioria das democracias modernas são desenhados de tal forma que, caso todos aqueles com uma demanda legítima os invocassem, eles entrariam em colapso. Desse modo, a viabilidade dos sistemas reside em alguns filtros de acesso, que o autor resume em:

> (a) da eficácia dos "efeitos gerais", i. e., do exercício de controle mais pela comunicação da informação do que pela implementação efetiva de direitos; (b) da disponibilidade de foros informais para ação legal e (c) da apatia, da ignorância, das barreiras culturais e de custo que inibem o reconhecimento de direitos.

Em resumo, o autor afirma que os sistemas jurídicos muitas vezes contam com a existência de obstáculos de acesso para se manterem viáveis, garantindo o acesso pleno apenas àqueles capazes de arcar com o investimento necessário para uma demanda judicial, reservando aos demais o que Galanter chama de "chiado simbólico". É nesse sentido que o autor chama a atenção para a necessidade de realização de escolhas políticas no racionamento e na distribuição da justiça, atentando à desigualdade no acesso a depender do litigante envolvido.

Diante desses diagnósticos, a afirmação de que as tentativas de democratização do acesso à justiça são as responsáveis pela atual crise do Judiciário não parece explicar por completo o cenário complexo que verificamos atualmente no Brasil. Ao que se infere dos dados mencionados, o aumento do contingente de processos submetidos ao crivo do Judiciário tem relação importante à ação de atores específicos que, usualmente, não sofrem limitações no acesso à justiça por falta de recursos ou conhecimento.

1.5. A litigiosidade repetitiva e seu papel na crise

1.5.1. O que é a litigiosidade repetitiva?

No contexto da crise do Poder Judiciário e do aumento da litigiosidade, as demandas repetitivas adquirem especial relevância diante de seu volume e sua repercussão no sistema jurídico. Trata-se de uma série de demandas fundadas em situações jurídicas homogêneas, coincidentes em seu objeto e na razão de seu ajuizamento (CUNHA, 2010, p. 141).[48]

Podemos destacar três elementos essenciais que caracterizam as disputas repetitivas: similitude das questões fáticas e/ou jurídicas, representatividade do volume e envolvimento dos litigantes repetitivos e litigantes eventuais (ASPERTI, 2014, p. 47-50).

Entendemos a similitude das questões fáticas e/ou jurídicas a partir da possibilidade de considerá-las parte de uma só "litigância", ou seja, são disputas relacionadas a danos ocasionados pela atuação de um mesmo agente.

[48] Nesse sentido, Leonardo José Carneiro da Cunha (2010) argumenta que, independentemente de serem individuais ou coletivas, o que identifica as demandas repetitivas é a litigiosidade de massa. Ou seja, as demandas repetitivas se diferenciam das demais justamente pelo seu caráter serial.

Em razão de sua similitude e repetição, o tratamento direcionado a uma delas pode ter maior repercussão nos demais. Nesse sentido,

> São disputas associadas a danos decorrentes da atuação de um mesmo agente, a relações de consumo, a contratos de adesão e a produtos e serviços de massa, bem como à relação entre o poder público e o indivíduo, seja na condição de cidadão titular de direitos individuais e sociais, seja na de segurado da Previdência Social, seja na de contribuinte das diferentes esferas federativas, etc. (ASPERTI, 2014, p. 47)

A representatividade do volume indica o segundo elemento essencial da litigância repetitiva. Para que uma demanda seja considerada repetitiva, ela deve guardar questões idênticas de fato e/ou direito com um número relevante[49] de outras demandas. Destaque-se que não existe um parâmetro específico para o número de demandas que configurem a representatividade do volume.

O terceiro elemento essencial de identificação das demandas repetitivas é o envolvimento de litigantes eventuais e repetitivos. Ou seja, as disputas repetitivas surgem de conflitos estabelecidos, principalmente, entre uma parte que se envolve frequentemente com demandas da mesma natureza e outra que raramente busca o Judiciário para discutir tais questões.[50] Ações de cobrança de empréstimo bancário, execuções fiscais, ações indenizatórias ajuizadas por consumidores, concessão de benefício previdenciário, entre outras, são ações que se encaixam nesta categoria.

A litigiosidade repetitiva tem sido apontada como responsável por uma série de problemas para o sistema de Justiça como um todo. A multiplicidade de casos idênticos, além de representar uma enorme parcela do número de

[49] A doutrina e a legislação não especificam o número exato de demandas idênticas suficientes para caracterizá-las como repetitivas ou justificar a adoção de um procedimento (gerencial ou processual) uniforme. Na prática, esse juízo é realizado concretamente pelo relator responsável pelo julgamento do Recurso Especial repetitivo representativo de controvérsia ou pelo Incidente de Resolução de Demandas Repetitivas.

[50] As características específicas de litigantes repetitivos e eventuais serão abordadas nos próximos tópicos.

processos submetidos à apreciação do Poder Judiciário, contribuindo para sua superlotação e, consequentemente, para a lentidão no julgamento dos processos, também traz consequências deletérias em relação à segurança jurídica. Isso, porque o tratamento individualizado de demandas idênticas pode, invariavelmente, produzir respostas jurisdicionais diversas para casos similares, o que implica a falta de previsibilidade e estabilidade das decisões. Trata-se, portanto, do comprometimento não só da segurança jurídica, mas também da isonomia na prestação jurisdicional.

1.6. Litigantes habituais vs. litigantes eventuais

O predomínio de poucos agentes em um enorme contingente de processos, usualmente ações de massa, foi um fenômeno amplamente debatido por Galanter (1974), que o levou a desenvolver uma tipologia específica para lidar com esses litigantes. O autor buscou desenhar a arquitetura básica do sistema de justiça americano, explorando como esse sistema, a partir de seu uso, cria ou limita as oportunidades de mudanças redistributivas. Em outras palavras, busca compreender em que condições o litígio pode ser redistributivo (GALANTER, 1974).

O autor sugere que se deixe de lado a análise jurídica tradicional, baseada no estudo de regras e instituições e propõe a inversão da lente de observação da realidade, para compreender como os atores, ou "jogadores", que manejam essas regras e instituições impactam no funcionamento do sistema como um todo. Esse tipo de olhar facilita a compreensão de quem são os protagonistas na litigância e o papel que exercem no cenário de superlotação do Judiciário, bem como qual o papel e as limitações do sistema legal na promoção de transformações redistributivas (GALANTER, 1974, p. 95-97).

A pergunta que Galanter busca responder diz respeito à possibilidade de o Judiciário e o processo judicial serem capazes de promover transformações sociais e, para além disso, reduzir ou superar desigualdades. Para que se chegue a uma resposta, é necessário que se observe e compreenda como se dá o comportamento dos usuários do sistema de justiça, suas capacidades e limitações, além de suas possíveis vantagens ou desvantagens.

Segundo Galanter, alguns agentes da sociedade teriam mais oportunidades de recorrer aos tribunais para reclamações ou defesas (*repeat players* ou litigantes habituais), enquanto outros agentes procuram o Judiciário raramente ou de forma esporádica (*one-shotters* ou litigantes eventuais). Essa conjuntura pode se originar tanto das características do conflito em questão, como do tamanho ou da situação de direito ou até mesmo dos recursos disponíveis dos agentes envolvidos. A título de exemplificação, o cônjuge em caso de divórcio, o consumidor que adquire produto com defeito, o requerente por acidente de trânsito seriam litigantes ocasionais, enquanto instituições financeiras, empresas de telefonia seriam chamados de litigantes repetitivos.

Ainda de acordo com Galanter, os litigantes habituais contam com diversas vantagens em relação aos litigantes eventuais em razão de sua constante presença em litígios. O litigante habitual é capaz de adquirir maior expertise, em razão da obtenção de conhecimento prévio a partir de sua participação em outras demandas que tenha figurado, o que possibilita a elaboração de estratégias, adaptação de condutas e construção de um banco de informações sobre essas controvérsias. O litigante habitual, com base em suas experiências anteriores, tem a capacidade de previsão da sua próxima transação, sendo ele responsável por redigir contratos, por exemplo. Sua presença constante no âmbito do Judiciário permite também o desenvolvimento de relações informais facilitadoras com os funcionários, sendo possível, ainda, a construção de uma imagem de credibilidade. Além disso, ao operar em uma economia de escala, cada processo representa baixo custo inicial para o litigante habitual, o que possibilita a operação de probabilidades e adoção de estratégias que envolvam ganhos a longo prazo, ainda que experimente perdas em alguns casos. Ou seja, pode buscar o ganho imediato ou a criação de precedentes e regras que o beneficiem no futuro e na maioria dos casos. Esse mesmo interesse não é compartilhado pelo litigante eventual que, em razão de seu interesse máximo e único por seu próprio caso, fica sujeito às regras obtidas a partir da atuação do litigante habitual.

Além disso, os litigantes habituais, em geral, dispõem de maior capacidade econômica para arcar com os custos da litigância, enquanto os litigantes eventuais não possuem os mesmos recursos financeiros. Essa distinção não é determinante para individualizar esses atores, uma vez que não representa a totalidade dos casos.[51] No entanto, é identificada na grande maioria dos casos e, nessas hipóteses, as vantagens seriam ainda mais evidentes. Nesse sentido, ficaria visível maior facilidade do litigante habitual em contratar os melhores e mais especializados advogados, que estarão profundamente ambientados com as disputas envolvendo seu cliente, em vista da repetitividade desses conflitos.

A análise feita por Galanter parte da realidade norte-americana e, desse modo, exige um exercício cuidadoso ao ser aplicada ao Brasil. Trata-se de um esforço realizado por Maria Cecília Asperti (2018) que analisou as vantagens elencadas por Galanter a partir da realidade brasileira.

Em relação à maior capacidade estratégica dos litigantes habituais, bem como a possibilidade de contratação de especialistas (jurídicos e não jurídicos), Asperti (2018, p. 65) aponta a estruturação dos departamentos jurídicos e coordenadorias estratégicas das procuradorias, que são capazes de fazer previsões de riscos e traçar estratégias – inclusive negociais – a partir do mapeamento dos casos de que fazem parte de forma integral.

Além disso, os recentes avanços tecnológicos que envolvem inteligência artificial, informatização de processos e análises de jurimetria, bem como mecanismos de processamento de linguagem voltados à elaboração automática de petições, documentos e contratos são desenhados especialmente para os grandes litigantes. A automatização, além de baixar custos do processo individual, ainda traz maior agilidade ao serviço, o que aumenta consideravelmente as vantagens estratégicas desse litigante. Destaque-se, ainda, que as tendências em relação ao uso de sistemas de automação e de informatização é de que deixem de cumprir apenas as tarefas repetitivas e burocráticas para passarem a realizar tarefas tipicamente dos advogados, incluindo análises em relação à estruturação de negócios e elaboração de argumentos jurídicos considerando o comportamento dos órgãos decisórios, o que minimizaria ainda mais os riscos (ASPERTI, 2018, p. 66).[52]

[51] O próprio autor afirma que, como qualquer tipologia, a divisão entre litigantes habituais e eventuais é uma abstração da realidade que implica generalizações. Trata-se apenas de uma forma de sistematizar as categorias, mas sempre lembrando que há exceções.

[52] Neste contexto é importante ressaltar um componente relevante, qual seja o grande número de advogados e bacharéis em Direito no Brasil, o que acaba barateando os serviços massificados, nos quais a qualidade fica em segundo plano, importando mais o gerenciamento de processos, facilitado pelo uso de novas tecnologias (ASPERTI, 2018, p. 68).

Há de se destacar que a possibilidade de manutenção de relações informais com os integrantes do sistema de justiça, apontada por Galanter como mais uma vantagem dos litigantes habituais, fica minimizada com o desenvolvimento tecnológico e a informatização. Por outro lado, Asperti (2018, p. 67) aponta para o fato de que o aumento do volume de processos impõe cada dia mais aos escreventes, escrivães e assessores de juízes a tarefa de analisar os casos e elaborar decisões. Nesse sentido, os advogados e prepostos dos litigantes habituais estariam frequentemente em contato com esses atores em audiências, sustentações orais, conciliações, entre outras, o que poderia oferecer, mesmo com a informatização, a vantagem do vínculo informal prevista por Galanter.

No caso dos órgãos de cúpula, responsáveis pelos julgamentos de casos repetitivos e que, em geral, se localizam em Brasília ou nas capitais, as vantagens do grande litigante ficam ainda mais evidentes na medida em que, muitas vezes, contam com advogados atuantes nesses locais, o que gera facilidades de acesso aos atores responsáveis pelas tomadas de decisão pelo estabelecimento de vínculos informais criados a partir da habitualidade de sua presença nos tribunais. Os litigantes eventuais, além de, por vezes, não contarem com advogados nessas regiões, ainda têm de arcar com os custos de deslocamento de seu advogado para o acompanhamento de julgamentos, a realização de sustentações orais ou despachos com ministros e desembargadores, o que aumenta o custo do processo.

Outro ponto apontado como vantagem do litigante habitual por Marc Galanter (1974, p. 96) diz respeito à possibilidade de delinearem estratégias *minimax*, ou seja, podem adotar uma estratégia visando maximizar o ganho em relação a uma série de casos, mesmo que isso envolva perda máxima em alguns deles. Ainda de acordo com Asperti (2018, p. 69), cabe aqui citar o constante incentivo à conciliação no Brasil. Os grandes litigantes realizam parcerias com o Judiciário com frequência, no sentido de promover mutirões da conciliação, conseguindo determinar quais casos seriam encaminhados ou não. Diante de sua capacidade de análise de riscos e previsão de resultados, os litigantes habituais conseguem encaminhar para a realização de conciliações os casos em que teriam menor chance de êxito prevenindo, inclusive, a produção de precedentes desfavoráveis. Essa mesma lógica pode ser operada no momento de escolhas de casos paradigmáticos para julgamento de casos repetitivos, podendo o litigante habitual mobilizar forças no sentido de garantir que o caso escolhido para o julgamento lhe favoreça, gerando precedente também favorável.

As vantagens estratégicas do litigante habitual, conforme visto anteriormente, também alcançam ganhos legislativos, por meio da mobilização de forças no sentido de modificar leis e precedentes em seu favor. No Brasil, especialmente, conforme veremos mais à frente no presente trabalho, o formato escolhido para a realização da maior parte das reformas e, em especial, reformas de direito processual, é o de comissões de juristas notáveis. Nessas comissões atuam juristas que influenciam diretamente o trabalho legislativo e que, em muitos casos, são advogados de grandes escritórios e, portanto, contratados por grandes litigantes.

As regras, configurações institucionais e o papel dos advogados também são apontados como pontos determinantes em relação às vantagens estratégicas dos litigantes habituais. Sobre as regras, Galanter (1974, p. 123-124) aponta o fato de que seu conteúdo tenderia a beneficiar interesses dominantes, inclusive porque aqueles menos beneficiados teriam menos recursos, inclusive judicialmente, para contestá-las. Além disso, a complexidade dessas regras, muitas vezes disseminadas em diversos diplomas jurídicos diferentes, exige esforços interpretativos que seriam mais bem patrocinados por aqueles capazes de arcar com o seu custo e, assim, poderiam estabelecer estratégias de interpretação que lhes favoreçam.

Em relação aos advogados, é possível observar que os litigantes habituais têm como custear serviços jurídicos de forma mais frequente, em grande escala, obtendo um serviço de maior qualidade e especializado. A manutenção da relação prolongada entre cliente e advogado é apontada, ainda, como uma vantagem adicional, em razão da maior lealdade na relação. Por seu lado, os litigantes eventuais teriam acesso aos profissionais menos qualificados e com menor grau de especialização, além da relação entre cliente e advogado ser pontual, o que inspiraria menor lealdade e proximidade.

Em relação à configuração institucional, Galanter (1974, p. 121-122) aponta que duas características dos sistemas de justiça poderiam intensificar as vantagens estratégicas do litigante habitual: o congestionamento e a passividade. A passividade que, no Brasil, poderia ser identificada pelos princípios dispositivo, da inércia da jurisdição e pelo impulso oficial do procedimento (CINTRA, GRINOVER e DINAMARCO, 2011, p. 87), que incentivaria a parte com mais informação e recursos a provocar a jurisdição, bem como a produzir provas (ASPERTI, 2018, p. 73). O congestionamento, por sua vez, geraria pressões em relação ao litigante eventual, que se veria forçado a aceitar acordos desvantajosos, em razão de sua maior dificuldade em sustentar a demora do processo. Já o litigante habitual, portanto, teria o tempo como mais um fator de barganha na negociação.

Galanter (1974, p. 141) propõe, para a superação do desequilíbrio de recursos e de capacidade estratégica entre os litigantes habituais e eventuais, formas de reorganização das partes que permitam que os litigantes eventuais possam atuar de maneira mais articulada, possibilitando a perseguição de objetivos a longo prazo, como aconteceria no processo coletivo, por meio da formação de grupos coesos de representação.

2. O Tratamento da Litigiosidade Repetitiva no Brasil

Conforme observamos no capítulo anterior, a litigiosidade repetitiva, caracterizada pela repetição de demandas que versam sobre a mesma questão de fato e/ou de direito, foi encarada por muitos como uma das principais responsáveis pela superlotação e morosidade do Poder Judiciário brasileiro. Nesse sentido, muitas foram as iniciativas processuais para tentar lidar com os seus efeitos negativos, o que procuraremos retratar no presente capítulo. Na primeira parte abordaremos o que ficou conhecido como "Microssistema do Processo Coletivo" e na segunda etapa trataremos das técnicas de julgamento de casos repetitivos.

2.1. O microssistema do processo coletivo

2.1.1. Histórico da legislação

Com o surgimento da sociedade de massa, característica da civilização pós-industrial, as relações jurídicas passaram a se diversificar, superando a perspectiva meramente individual e atingindo grupos de pessoas (determináveis ou não) o que impôs ao sistema jurídico adaptações e transformações para que o direito, seja material ou processual, acompanhasse referidas mudanças sociais (SHIMURA, 2006, p. 33).

Tendo em vista a influência da concepção individualista relativa à proteção de interesses privados, os sistemas de direito de tradição romano-germânica

– incluindo o direito brasileiro – permaneceram alheios aos mecanismos de tutela coletiva de tutela jurisdicional (MINISTÉRIO DA JUSTIÇA, 2007, p. 17). Os mecanismos existentes eram inadequados e insuficientes para tratarem dos conflitos provenientes das relações jurídicas nessa nova sociedade, principalmente quando o objeto litigioso se mostrava indivisível e relacionado a pessoas indeterminadas ou a grupos de pessoas (SHIMURA, 2006, p. 35). A inadequação dos sistemas de direito civil e direito processual civil por sua generalidade, abstração e impermeabilidade às mudanças sociais gerou um descompasso entre os anseios da sociedade massificada e o ordenamento jurídico (ALMEIDA, 2007, p. 30-31).[53]

Além desse descompasso, fatores que obstaculizavam o acesso à justiça do lesado individual persistiam e desestimulavam sua ida ao Judiciário. Sérgio Shimura (2006) aponta alguns desses obstáculos, sendo o primeiro deles o "custo-benefício" de demandar individualmente no Judiciário. Para aquele capaz de dispor de recursos, o litígio pode simbolizar uma grande perda de tempo diante de eventual reparação diminuta, enquanto para o desprovido de recursos pode significar um grande prejuízo, mas os óbices como custas processuais, dificuldade em obter informação, distância geográfica, entre outros, desestimulam sua ida ao Judiciário para reclamar sua reparação. Nesse sentido: "Também razões relacionadas ao acesso à justiça são levadas em conta, pois muitas vezes a lesão individual a um interesse desse gênero é tão ínfima que não estimula seu titular a pleitear o ressarcimento pela via jurisdicional" (COSTA, 2009, p. 52). A disparidade de forças entre as partes também funcionaria como dissuasor de procura do Judiciário na medida em que, por vezes, o lesado não disporia da mesma capacidade técnica, tampouco fôlego financeiro para enfrentar o provocador da lesão (SHIMURA, 2006, p. 35).

O CPC/73, por sua vez, foi estruturado com base na clássica divisão da tutela jurisdicional em tutela de conhecimento, tutela de execução e tutela cautelar (ZAVASCKI, 2017, p. 17), claramente influenciada pela doutrina de Enrico Tullio Liebman. Esse sistema foi delineado no sentido de atender à

[53] Susana Henriques da Costa (2009, p. 45) revela que o principal problema em relação à inexistência de mecanismos de tutela de direitos metaindividuais seria a legitimidade para reclamar em juízo, bem como suas repercussões (contraditório, coisa julgada, etc.).

prestação jurisdicional em casos de lesões a direitos subjetivos individuais, a partir de demandas propostas pelo próprio lesado.

Estavam ausentes do CPC/73, portanto, quaisquer previsões relativas a instrumentos para a tutela coletiva desses direitos ou sequer a previsão de instrumentos capazes de viabilizar a tutela de direitos e interesses transindividuais, de titularidade indeterminada (direitos difusos e coletivos) (ZAVASCKI, 2017, p. 17). O CPC/73, portanto, é um código de resolução de conflitos interindividuais (ALMEIDA, 2007, p. 49).

Outro ponto relevante em relação ao antigo diploma processual está relacionado com sua concepção central de função jurisdicional – e o processo como seu instrumento – destinada a "formular e fazer atuar a regra jurídica em face de um conflito de interesse *concretizado,* ou seja, de um específico fenômeno de incidência da norma abstrata sobre um suporte fático, já ocorrido [...] ou em vias de ocorrer" (ZAVASCKI, 2017, p. 18). Sendo assim, não ficaram previstas no texto legal ferramentas para dar solução a conflitos abstratos.[54]

Diante desse contexto, diversas mudanças legislativas foram realizadas, principalmente a partir de 1985, e alteraram substancialmente o sistema processual brasileiro como um todo, tornando-o mais rico, complexo e sofisticado.

De acordo com Teori Zavascki (2017), duas fases de modificações em relação à tutela coletiva podem ser identificadas. A primeira delas é delineada pela inclusão de novos mecanismos com o objetivo de "(a) dar curso a demandas de natureza coletiva; (b) tutelar direitos e interesses transindividuais, e (c) tutelar, com mais amplitude, a própria ordem jurídica abstratamente considerada". Ainda de acordo com Zavascki, essa "onda reformadora" se inicia em 1985 e acompanha o movimento em outros países, também preocupados com a inaptidão do processo tradicional para fazer frente à tutela dos interesses transindividuais, explicitada por Cappelletti e Garth (1988).

Com o objetivo de suprir essa dissociação entre realidade social e ordenamento jurídico, bem como dar vazão à litigiosidade crescente e difusa e garantir maior acesso ao Judiciário, surge a Lei n. 7.347/1985, a Lei da Ação

[54] Conflito abstrato no sentido de conflito verificável independentemente da consideração de específicos fenômenos de incidência como, por exemplo, o conflito entre preceitos normativos ou, ainda, entre normas constitucionais e normas infraconstitucionais.

Civil Pública (LACP),[55] instrumento de implementação da tutela dos direitos metaindividuais no Brasil.

A Lei n. 7.347/1985 foi o principal marco legislativo em relação ao processo coletivo porque instituiu o mecanismo mais abrangente e sistematizado no sentido de garantir a prevenção e reparação de danos causados a partir da violação de direitos coletivos *lato sensu* (SHIMURA, 2006, p. 35). Referida lei disciplinou a "ação civil pública de responsabilidade por danos causados ao meio ambiente, ao consumidor, a bens e direitos de valor artístico, estético, histórico, turístico e paisagístico" e aos direitos e interesses difusos e coletivos de um modo geral.

Os direitos tutelados pela LACP seriam caracterizados por sua titularidade subjetivamente indeterminada, uma vez que pertencem a grupos de pessoas ou classes. Nesse sentido, a legitimidade ativa das ações civis públicas ficaria a cargo de um substituto processual: o Ministério Público, as pessoas jurídicas de direito público ou, ainda, associações que tenham por finalidade a defesa e a proteção dos bens e valores violados. Essas ações também são caracterizadas pelo regime especial da coisa julgada das sentenças nelas proferidas, que possuem eficácia *erga omnes*, exceto quando o julgamento for de improcedência por falta de provas.

Com advento da Constituição Federal de 1988, deu-se o reconhecimento de diversos direitos materiais, como, por exemplo, a defesa do meio ambiente (art. 170), o acesso de todos à saúde (art. 196), direito à ordem econômica justa, entre outros. No plano processual, a Ação Civil Pública foi alçada ao nível constitucional[56] e consagrou-se a legitimação das associações de classe e das entidades sindicais para promover a defesa dos direitos dos respectivos associados e filiados em juízo (art. 5º, XXI e art. 8º, III). Criou-se, ainda, a figura do mandado de segurança coletivo que, por sua vez, potencializou a

[55] Destaque-se que antes da mencionada lei, alguns dispositivos já haviam sido criados com o objetivo de tutelar interesses de classe. São exemplos o antigo Estatuto da Ordem dos Advogados do Brasil (Lei n. 4.215/1962); a Lei n. 4.717/1965, que determina a legitimidade ao cidadão para propositura de ação na defesa do patrimônio público; a Lei n. 6.024/1974 (intervenção e liquidação extrajudicial de instituição financeira) e a Lei n. 6.938/1981 de proteção ao meio ambiente (SHIMURA, 2006, p. 37).

[56] Art. 179. São funções do Ministério Público:

[...] III – promover o inquérito civil e a ação civil pública, para a proteção do patrimônio público e social, do meio ambiente e de outros interesses difusos e coletivos.

viabilidade da tutela coletiva de direitos individuais e ampliou-se o âmbito de abrangência da ação popular (art. 5º, LXXIII).

Há de se destacar que, após a Constituição Federal de 1988, diversos diplomas legislativos foram elaborados e dispuseram sobre os direitos coletivos, o que garantiu a primeira característica relativa à sistemática coletiva no Brasil: a dispersão de normas sobre o tema no ordenamento jurídico.

Em 1989, por exemplo, dois esforços legislativos são percebidos no sentido de aprimorar e expandir o alcance das ações coletivas. Em primeiro lugar, a Lei n. 7.853/1989, que veio dispor sobre o apoio às pessoas portadoras de deficiência. A ampliação do alcance da LACP se deu pela possibilidade de qualquer legitimado ativo habilitar-se como litisconsorte ou assumir a titularidade ativa em caso de desistência ou abandono (art. 1º, §§5º e 6º). Outro ponto relevante seria a necessidade de reexame necessário quando da sentença de carência ou improcedência (art. 4º, §1º). O segundo diploma legal foi a Lei n. 7.913/1989, que dispõe sobre danos causados aos investidores no mercado de valores mobiliários.

O Estatuto da Criança e do Adolescente (Lei n. 8.069/1990) foi outra iniciativa no sentido de dispor sobre direitos metaindividuais. Além de disciplinar a tutela de interesses difusos e coletivos das crianças e adolescentes, prevê a expressa autorização ao Ministério Público a zelar por interesses originalmente individuais (art. 201, III e IV), em observância a princípios como o da proteção integral e da prioridade absoluta, considerando a qualidade do direito e não a quantidade de pessoas envolvidas (art. 227, CF; arts. 1º e 4º do ECA) (SHIMURA, 2006, p. 39).[57]

É ainda em 1990 que a Lei da Ação Civil Pública sofre sua maior alteração, com a edição do Código de Defesa do Consumidor, criando-se uma interligação entre as duas legislações. Este diploma legal tem como objetivo principal disciplinar especificamente a tutela das relações de consumo, dos "direitos individuais homogêneos", assim nomeados o conjunto de direitos subjetivos individuais que, embora pertencentes a pessoas determináveis e distintas,

[57] Ainda em relação à legitimidade ativa para defesa dos direitos da criança e do adolescente é possível citar a Lei n. 9.394/1996 (Lei de Diretrizes Básicas da Educação), que previa, entre outros pontos, a definição da competência de foto pelo domicílio dos pais ou responsável ou pelo lugar onde se encontre a criança ou adolescente (art. 147), bem como a competência da Justiça da Infância e Juventude (art. 148).

têm uma origem comum, dando-lhes grau de homogeneidade suficiente para ensejar sua defesa coletiva (ZAVASCKI, 2017, p. 19).

Foram diversos os diplomas que se seguiram a tratar de direitos coletivos como, por exemplo, o Estatuto do Idoso (Lei n. 10.741/2003), a Lei Antitruste (Lei n. 8.884/1994), entre outros. Dessa maneira, o sistema de processos coletivos no Brasil foi disciplinado de forma dispersa, "em dispositivos esparsos e às vezes colidentes", nas palavras de Ada Pellegrini Grinover (GOZZOLLI *et al.*, 2010, p. 19).

Uma segunda "onda reformadora" tem início em 1994, voltada à promoção da efetividade e celeridade do processo, durante a qual foram produzidas diversas modificações expressivas no CPC/73 então vigente. Apesar de afetarem de forma incisiva a estrutura do sistema processual brasileiro, alterando principalmente o sistema de execuções e de tutelas provisórias, a tutela coletiva não foi objeto de grandes modificações legislativas. Conforme observado no primeiro capítulo do trabalho, a Reforma do Judiciário, principal marco legislativo da época, deixou de tratar da tutela coletiva de forma substancial (REFOSCO, 2018, p. 99).

Algumas foram as tentativas de incluir o processo coletivo no âmbito da Reforma do Judiciário. A Emenda Constitucional 36-CE/99, por exemplo, alterava a competência dos órgãos jurisdicionais superiores para a inclusão de ações coletivas, ações civis públicas e ações populares diante da magnitude da lesão em questão. A Emenda Constitucional 44CE/1999[58] é outro exemplo da tentativa de inclusão da temática no âmbito da reforma de 2004 e previa a ampliação da legitimidade ativa da ação civil pública, bem como dispensava a filiação ou autorização individual para a propositura de litígios coletivos. As emendas, no entanto, foram rejeitadas.[59]

[58] De acordo com Helena Refosco: "A tônica da proposta era clara: não se buscava gerenciamento do número de processos de forma tal a reduzir a morosidade do Judiciário, embora isto, por si só, fosse positivo; objetivava-se garantir, diante da ocorrência de lesões maciças, que todos, independentemente das suas condições pessoais, tivessem acesso a uma reparação justa, sem ter de buscá-la individualmente, mas sim por meio de um substituto processual" (2018, p. 101).

[59] Helena Refosco retrata que: a relatora, Deputada Zulaiê Cobra mencionou um acordo feito entre os partidos para rejeitar a Emenda e acrescentou "não ser possível permitir esse dispositivo na Constituição. Portanto, o voto é 'não', é o voto do acordo". Ou seja, com base nos documentos analisados a autora não pode identificar o fundamento da rejeição da emenda.

Destaque-se que o "microssistema de processos coletivos" ficou assim conhecido justamente em função da dispersão normativa, ou seja, pela instrumentalização de diversos diplomas legais destinados a tratar da mesma matéria, que necessitam de aplicação conjunta para garantia de seu correto funcionamento (AZEVEDO, 2011, p. 12).[60]

2.1.2. Reformas do processo coletivo

O que se observa, portanto, é que nas últimas décadas houve a positivação de diversos direitos e o desenvolvimento de técnicas e instrumentos para atuar na promoção da tutela coletiva. No entanto, conforme afirmado inicialmente, a regulação do direito processual coletivo no Brasil se deu de forma dispersa, em dispositivos de legislações diferentes. Além disso, como também já mencionado anteriormente, o CPC/73, criado e desenvolvido antes desse período, estava fundamentalmente atrelado à concepção individualista da disputa e, desse modo, utilizar os princípios e paradigmas ali estabelecidos para o processo coletivo passou a ser uma tarefa difícil, senão impossível, diante da diferença das sistemáticas. Finalmente, a proliferação das demandas de massa apresentou-se como um enorme problema a ser enfrentado. Desse modo, a inovação e o refinamento das técnicas de julgamento coletivo visavam, ainda, o controle da litigiosidade de massa, garantindo maior segurança jurídica, isonomia e celeridade ao sistema de justiça.

É nesse contexto que surge a ideia de codificação do direito processual coletivo, de maneira a concentrar todos os dispositivos sobre o tema em apenas um diploma legal, cuja a vantagem seria oferecer maior unidade e racionalidade, permitindo a criação de uma principiologia própria ao sistema processual coletivo. Essa ideia acompanha a noção defendida por diversos juristas no sentido da necessidade de criação de um ramo autônomo do direito processual

A autora diz ainda que: "a falta de justificativa prejudica a análise acadêmica e dificulta a apuração democrática da responsabilidade dos parlamentares" (2018, p. 102-103).

[60] De acordo com Gregório Assagra de Almeida, esse tipo de sistematização tem origem nas décadas de 1960 e 1970, apresentando uma nova metodologia legislativa que se afastava dos códigos oitocentistas cujo corpo monolítico impedia a preservação de valores jurídicos da nova realidade brasileira. Ver mais em (ALMEIDA, 2007, p. 43).

coletivo, com regras e princípios próprios, distintos do direito processual individual (CINTRA, GRINOVER e DINAMARCO, 2011).

O Código-Modelo de Processos Coletivos para Ibero-América – aprovado em 2004 pelo Instituto Ibero-Americano e relatado por Ada Pellegrini Grinover, Kazuo Watanabe e Antonio Gidi – simboliza a concretização da ideia de codificação do direito processual coletivo, servindo como "modelo concreto para inspirar as reformas, de modo a tornar mais homogênea a defesa dos interesses e direitos metaindividuais em países de cultura jurídica comum".[61] Além disso, o código serviria como fonte de inspiração para reformas legislativas a partir da experiência compartilhada entre os países participantes. A principal inovação presente no texto consistiu na estruturação do processo coletivo como ciência processual independente, buscando a adequação dos institutos processuais aos direitos metaindividuais, com o objetivo de obter uma tutela verdadeiramente coletiva (AZEVEDO, 2011, p. 120).[62]

Partindo dessa premissa de criação de um novo sistema processual específico para o processo coletivo e a partir das discussões travadas no âmbito do Instituto Ibero-Americano de Direito Processual, alguns juristas se empenharam na elaboração do Projeto de Lei n. 5.139/2009, que visava a criação de um Código de Processo Coletivo brasileiro.

Destaque-se que o projeto, de autoria do Poder Executivo, estava incluído no Segundo Pacto Republicano de Estado por um Sistema de Justiça Mais Acessível, Ágil e Efetivo (REFOSCO, 2018, p. 103).[63] Esse pacto previa como

[61] Exposição de motivos do Código-Modelo de Processos Coletivos para Ibero-América. Disponível em: http://www.politicaeprocesso.ufpr.br/wp-content/uploads/2017/02/CodigoModeloespanhol.pdf. Acesso em: 12 jan. 2019.

[62] Diversas críticas foram feitas em relação ao Código-Modelo de Processos Coletivos para Ibero-América. Entre elas, as mais relevantes seriam a ausência de previsão de tutela de urgência, a importação de institutos americanos baseados nas *class actions* e a falta de adesão ao sistema único por parte dos países envolvidos (ALMEIDA, 2007).

[63] O Segundo Pacto de Estado por um Sistema de Justiça Mais Acessível, Ágil e Efetivo consistiu em um documento assinado por representantes dos três poderes (Executivo, Judiciário e Legislativo) que tinha como objetivos principais promover: "(i) acesso universal à Justiça, especialmente dos mais necessitados; (ii) aprimoramento da prestação jurisdicional, mormente pela efetividade do princípio constitucional da razoável duração do processo e pela prevenção de conflitos e (iii) aperfeiçoamento e fortalecimento das instituições de Estado para uma maior efetividade do sistema penal no combate à violência e criminalidade, por meio de políticas de segurança pública combinadas com ações sociais e proteção à dignidade

uma das medidas a serem tomadas para a promoção de acesso universal à justiça a "Revisão da Lei da Ação Civil Pública, de forma a instituir um Sistema Único Coletivo que priorize e discipline a ação coletiva para tutela de interesses ou direitos difusos, coletivos e individuais homogêneos, objetivando a racionalização do processo e julgamento dos conflitos de massa".

O Projeto de Lei n. 5.139/2009, que foi elaborado por uma comissão especial nomeada pelo Ministério da Justiça e presidida por Rogério Favreto (Secretário da Reforma do Judiciário), nasceu, portanto, com a intenção de aprimorar a tutela coletiva no Brasil,[64] aumentando seu alcance e sistematizando as normas dispersas no ordenamento que tratavam do tema. O projeto, segundo Aluisio Gonçalves de Castro Mendes – membro da comissão de juristas que elaborou a proposta – tinha como objetivo a universalização do acesso à justiça e o desafogamento do Judiciário, ampliava o uso da ação coletiva para proteção de outros direitos (à saúde, educação, livre concorrência, entre outros), ampliava também o número de entidades legítimas a ocuparem o polo ativo das ações, bem como modificava regras relativas à competência, facilitando o ajuizamento das ações coletivas.[65]

O projeto sofreu diversas alterações ao longo de sua elaboração que modificaram sua estrutura. Um dos exemplos consiste na proibição do uso da Ação Civil Pública para casos envolvendo matérias tributárias ou previdenciárias que não estava presente no projeto inicial, mas foi incluída por iniciativa do governo.[66] A proibição, de acordo com diversos especialistas, significaria um grande retrocesso, uma vez que as ações coletivas sobre o tema renderam condenações milionárias ao poder público.

da pessoa humana". Disponível em: http://www.planalto.gov.br/ccivil_03/Outros/IIpacto.htm. Acesso em: 12 jan. 2019.

64 Muitos outros projetos tramitaram nos últimos anos sobre o tema e, no âmbito acadêmico, é possível observar a elaboração de Anteprojetos de Códigos de Processo Coletivo no bojo dos programas de pós-graduação da Universidade do Estado do Rio de Janeiro (UERJ) e Universidade Estácio de Sá Unesa (REFOSCO, 2018, p. 112; ALMEIDA, 2007).

65 Disponível em: http://www2.camara.leg.br/camaranoticias/noticias/DIREITOS-HUMANOS/136199-PROJETO-AMPLIA-ABRANGENCIA-DE-ACAO-CIVIL-PUBLICA.html. Acesso em: 12 jan. 2019.

66 Disponível em: http://www2.camara.leg.br/camaranoticias/noticias/NAO-INFORMADO/137952-JURISTAS-E-GOVERNO-DIVERGEM-SOBRE-USO-DA-ACAO-CIVIL-PUBLICA.html. Acesso em: 12 set. 2018.

Helena Refosco faz uma análise da tramitação do referido projeto e das razões apresentadas pelos parlamentares para que, ao fim, fosse rejeitado. A autora disseca a audiência pública realizada para o debate do projeto, que contou com a participação de diversos representantes do Poder Público e da sociedade civil. Destaca que a tônica dos argumentos era favorável ao projeto, mas houve diversas críticas contundentes. Dentre elas, a promovida por Christina Aires Correa Lima, representante da Confederação Nacional da Indústria (CNI), em relação à desigualdade de forças em prol do autor, que tiveram bastante repercussão junto aos parlamentares[67] e a falta de participação popular na elaboração do projeto. Após a referida audiência pública outras emendas foram apresentadas e um novo Substitutivo elaborado. No entanto, o projeto foi rejeitado, o que foi apontado por Ada Pellegrini Grinover (2009) como uma manobra de limitação do processo coletivo, que estaria refém do autoritarismo brasileiro.[68]

2.1.3. Tutela de direitos coletivos vs. tutela coletiva de direitos

Em se tratando da tutela jurisdicional coletiva, algumas distinções conceituais se fazem necessárias. Em primeiro lugar, é necessário destacar que o Brasil adotou a tripartição legislativa dos direitos passíveis de tutela jurisdicional coletiva (VENTURI, 2010, p. 178). Inicialmente, o ordenamento jurídico brasileiro referiu-se genericamente aos interesses difusos ou coletivos (art. 1º, IV, da LACP) e, em seguida, trouxe no âmbito do Código de Defesa do Consumidor a sua conceituação, acompanhada ainda de uma terceira categoria dos direitos individuais homogêneos. Distinguir esses direitos é importante na medida em que regimes específicos de legitimação para agir, procedimento judicial e formação e extensão da coisa julgada lhe serão atribuídos.

[67] As razões apontadas por Christina Aires Correa Lima para a disparidade de forças seriam: "a possibilidade de dedução de novo pedido e modificação da causa de pedir até a prolação da sentença, a omissão do projeto em colocar a questão da responsabilidade passiva coletiva, a ausência de critérios para a representatividade adequada e necessidade de maior especificação quanto ao tratamento dos diferentes tipos de direitos (transindividuais *versus* individuais homogêneos)" (REFOSCO, 2018, p. 104).

[68] Disponível em: https://www.conjur.com.br/2010-abr-17/acao-civil-publica-perpetuacao-patrimonialismo-brasileiro. Acesso em: 12 jan. 2019.

Há, ainda, que se diferenciar a defesa de direitos coletivos da defesa coletiva de direitos (individuais). Direitos coletivos são direitos subjetivamente *transindividuais*[69] – direitos cujos titulares são individualmente indetermináveis – e materialmente indivisíveis (ZAVASCKY, 2017, p. 39).

Quando falamos em direitos coletivos *lato sensu* abarcamos tanto os direitos difusos como os direitos coletivos *stricto sensu*. Sob o aspecto objetivo são indivisíveis (não podem ser satisfeitos nem lesados senão em forma que afete a todos os possíveis titulares). No aspecto subjetivo ambos são transindividuais, porém no caso dos direitos difusos, há absoluta indeterminação dos titulares e sua relação decorre de mera circunstância de fato, enquanto nos direitos coletivos *stricto sensu* há relativa indeterminação dos titulares e decorrem de uma relação jurídica-base (ZAVASCKY, 2017, p. 41).

Os direitos individuais homogêneos, por sua vez, são direitos subjetivos individuais conectados entre si por uma relação de afinidade, semelhança, o que permite a defesa coletiva de todos eles. No caso dos direitos individuais homogêneos, apesar da existência de uma pluralidade de titulares como nos direitos transindividuais, estes são determináveis. Outra característica destes direitos refere-se à pluralidade não só dos sujeitos, mas também do direito material, que é divisível e pode ser dividido em unidades autônomas (ZAVASCKY, 2017, p. 40).

A coletivização dos direitos individuais homogêneos tem sua justificativa não na dificuldade em identificar os titulares ou distinguir a parcela do direito de cada um deles, mas sim na garantia de maior celeridade, economia processual e, principalmente, na facilitação do acesso à justiça e promoção de uma adequada representação da coletividade (RODRIGUES, 2015, p. 559). A razão pelo tratamento coletivo desses direitos, portanto, parte de uma perspectiva instrumental e pragmática, que se justifica não pela indivisibilidade inerente do direito, que na realidade é individual (BENJAMIN, 1995).[70]

[69] Transindividualidade é a nota comum entre direitos difusos e coletivos, pois leva em conta a multiplicidade de indivíduos que aspiram à mesma pretensão indivisível (VENTURI, 2010, p. 183 e 184).

[70] "[...] são, por esta via exclusivamente pragmática, transformados em estruturas moleculares, não como fruto de uma indivisibilidade inerente ou natural (interesses e direitos públicos e difusos) ou da organização ou existência de uma relação jurídica-base (interesses coletivos *stricto sensu*), mas por razões de facilitação de acesso à justiça, pela priorização da eficiência e da economia processual" (BENJAMIN, 1995, p. 30).

O legislador, percebendo as dificuldades enfrentadas pela tutela individual, os obstáculos impostos ao acesso à justiça e a percepção de existência de direitos subjetivos que, embora individuais, possuíam origem comum, estabeleceu uma abertura no sistema de tutela jurisdicional coletiva a fim de permitir que este abrangesse também essa categoria de direitos individuais, porém homogêneos (VENTURI, 2010, p. 192).

A expressão "direitos individuais homogêneos" foi cunhada, em nosso direito positivo, pelo Código de Defesa do Consumidor para designar um conjunto de direitos subjetivos "de origem comum" (art. 81, parágrafo único, III) que, em razão de sua homogeneidade, podem ser tutelados por "ações coletivas" (ZAVASCKI, 2017, p. 151). A homogeneidade não altera nem compromete a essência do direito, sob o seu aspecto material, que, independentemente dela, continua sendo um direito subjetivo individual.[71]

Ainda de acordo com Teori Zavascki, o núcleo de homogeneidade desses direitos é formado a partir dos direitos subjetivos envolvidos no conflito, que têm ao menos três aspectos em comum: (i) relacionado à própria existência da obrigação; (ii) diz respeito à natureza da prestação devida e (iii) concernente ao sujeito passivo (ou sujeitos passivos), comuns a todos eles.

Há quem defenda que os direitos individuais homogêneos seriam espécie dos direitos coletivos, entendimento que, inclusive, chegou a ser explicitado pelo STF.[72] No entanto, esse entendimento traz imprecisões conceituais (VENTURI, 2010, p. 193). Direitos individuais homogêneos são o que Barbosa

[71] "Homogeneidade não é sinônimo de igualdade, mas de afinidade. Direitos homogêneos não são direitos iguais, mas similares. Neles é possível identificar elementos comuns (núcleo de homogeneidade), mas também, em maior ou menor medida, elementos característicos e peculiares, o que os individualiza, distinguindo uns dos outros (margem de heterogeneidade). O núcleo de homogeneidade decorre, segundo visto, da circunstância de serem direitos com origem comum; e a margem de heterogeneidade está relacionada a circunstâncias variadas, especialmente a situações de fato, próprias do titular" (ZAVASCKI, 2017, p. 152).

[72] "Direitos ou interesses homogêneos são os que têm a mesma origem comum (...) constituindo-se em subespécie de direitos coletivos. Quer ser afirme interesses coletivos ou particularmente interesses homogêneos, *stricto sensu*, ambos estão cingidos a uma mesma base jurídica, sendo coletivos, explicitamente dizendo, porque são relativos a grupos, categorias ou classes de pessoas, que, conquanto digam respeito às pessoas isoladamente, não se classificam como direitos individuais para o fim de ser vedada a sua defesa em ação civil pública, porque sua concepção finalística destina-se à proteção desses grupos, categorias ou classe de pessoas"(STF, Tribunal Pleno, RE 163.231-3-SP, rel. Min. Mauricio Correa, j. 26-2-1997).

Moreira (1985, p. 57) chamava de direitos "acidentalmente coletivos", pois não são indeterminados os seus titulares, nem indivisíveis seus interesses, mas correspondem a uma soma de interesses individuais que, diante de sua homogeneidade, poderiam ser tratados como se metaindividuais fossem. Nesse mesmo sentido Rodolfo de Camargo Mancuso acentua que os direitos individuais homogêneos seriam somas de interesses individuais e seu caráter coletivo teria origem na forma como é exercido, mas não em sua essência (2013, p. 53).

Há, ainda, defensores da ideia de que os direitos individuais homogêneos, apesar de serem individuais, possuiriam certo grau de transindividualidade, isso porque o sujeito responsável pela conduta que lesou direitos de uma quantidade significativa de indivíduos deve ser censurado e sancionado especificamente por essa razão (TALAMINI, 2017, p. 150).

A importância dessa distinção ficará mais clara à frente, quando tratarmos dos mecanismos de julgamento de casos repetitivos.

Tendo em vista o escopo do presente trabalho nos concentraremos apenas na tutela coletiva voltada à proteção dos direitos individuais homogêneos. Isso, porque em se tratando de litigiosidade repetitiva estamos lidando com direitos cujos titulares são determinados e o direito não é ontologicamente indivisível. Desse modo, concentraremos o enfoque da presente obra na análise do tratamento coletivo dos direitos individuais homogêneos, deixando de analisar mais profundamente o tratamento dos direitos coletivos *strictu sensu* e dos direitos difusos. Ou seja, aqui trataremos da tutela coletiva de direitos individuais e não da tutela de direitos coletivos.

2.1.4. Limitações do processo coletivo

É necessário afirmar que a sistemática coletiva brasileira é encarada como avançada em comparação a diversos países no mundo (SHIMURA, 2006, p. 32). Zavascky afirma que teria sido o legislador brasileiro o protagonista na implementação de instrumentos voltados à tutela coletiva, sendo responsável pelo que chama de "revolução brasileira no domínio do processo coletivo", uma vez que a legislação teria tratado do tema de forma mais profunda e rica do que nos demais países do *civil law* (2017, p. 35). O Brasil, portanto, seria pioneiro na promoção da política defendida por Cappelletti e Garth no sentido de promover o acesso à justiça a partir do desenvolvimento de técnicas de proteção aos direitos coletivos *lato sensu*.

Apesar de seu caráter inovador e pioneiro, o direito processual coletivo no Brasil vem enfrentando dificuldades das mais diversas em relação a sua implementação. Os mais de 30 anos da edição da LACP e de sua aplicação têm revelado não apenas seus méritos, mas também suas falhas e insuficiências, gerando reações dos poderes Executivo, Legislativo e Judiciário, que objetivam limitar seu âmbito de utilização (ALMEIDA, 2007, p. 84).

Compreender as limitações do processo coletivo, sejam elas inerentes à sistemática ou provocadas por fatores externos, é essencial para observar o surgimento e fortalecimento dos mecanismos de julgamento de casos repetitivos, que se desenvolveram a partir de um alegado vácuo deixado pelo processo coletivo. Além disso, é importante tratar das limitações trazidas pela legislação, doutrina e jurisprudência neste trabalho para que possamos observar quais são as forças refratárias ao uso do processo coletivo e o porquê da resistência ao seu aprimoramento.

Mancuso descreve o que chama de "pontos de estrangulamento" da jurisdição coletiva, começando pela resistência dos operadores do direito em relação à sistemática, uma vez que sua formação os habilitou a trabalharem apenas na jurisdição singular. Nesse sentido, o autor afirma que a prática jurídica tem se voltado à adaptação de categorias processuais básicas às peculiaridades impostas pela tutela coletiva ou à tentativa de elaboração de fórmulas específicas para os processos coletivos quando a legislação é insuficiente (2012, p. 365).

Some-se a isso o fato de que as normas relativas ao processo coletivo figuram de forma dispersa no ordenamento jurídico brasileiro, o que dificulta sua sistematização e aplicação. A ausência de uma principiologia específica do processo coletivo, com institutos processuais adaptados para a tutela jurisdicional coletiva, gera controvérsias na aplicação da legislação existente. Nesse sentido, dúvidas surgem, por exemplo, quanto à natureza da competência territorial, à litispendência e à conexão.

Em pesquisa elaborada pelo Centro Brasileiro de Estudos e Pesquisas Judiciais (Cebepej) em parceria com a Secretaria de Reforma do Judiciário sobre a utilização da sistemática coletiva no Brasil (MINISTÉRIO DA JUSTIÇA, 2007, p. 80), é possível observar um diagnóstico mais apurado dos problemas relativos à tutela coletiva no Brasil. A pesquisa, dividida em duas seções, apresenta dados sobre a tutela de interesses metaindividuais em um primeiro momento e, em seguida, faz um estudo de caso sobre a contestação judicial das tarifas de assinatura básica de telefonia no Estado de São Paulo. Uma das conclusões mais contundentes em relação ao estudo de caso realizado consiste na existência de dúvidas em relação às regras de competência das ações no plano coletivo, em especial às ações de abrangência nacional ou estadual e aos casos de competência concorrente, regras que estão dispostas, sobretudo, no art. 93 do CDC e que tem recebido interpretações divergentes na jurisprudência.

A pesquisa ainda verificou que a legitimidade concorrente para ajuizamento de ações coletivas, somada à inexistência de previsões legais quanto aos critérios de litispendência no plano coletivo, acarreta a propositura de diversas ações, individuais e coletivas, sobre a mesma questão. Somada às dificuldades de interpretação das normas relativas à conexão de ações e dúvidas em relação à interpretação dos dispositivos relativos à abrangência das sentenças coletivas em cada caso concreto – em especial, o art. 16 da LACP –, essas controvérsias acabam por minar um dos principais objetivos da ação coletiva: impedir a proliferação de ações que versem sobre a mesma questão de direito, o que oferece risco tanto à isonomia quando à segurança jurídica.

A possibilidade de ajuizamento de ações individuais concomitantes ao ajuizamento de ação coletiva também é apontada como um dos problemas ao funcionamento correto do processo coletivo. Nesse sentido, Aluisio de Castro Mendes (2007, p. 435) afirma:

> O sistema vigente banaliza os processos coletivos, ao permitir o surgimento e tramitação concomitantes destes com os processos individuais, que podem ser instaurados até mesmo quando já existe decisão coletiva transitada em julgado, ensejando insegurança e certa perplexidade diante da possibilidade da lide estar sendo apreciada, ao mesmo tempo, no âmbito coletivo e individual.

Necessário, ainda, destacar que o crescente uso do processo coletivo no Brasil despertou o incômodo de grandes interesses nacionais e internacionais, além de gerar conflitos políticos com o Governo Federal que, por sua vez, reagiu por meio da edição de medidas provisórias que restringem o alcance das ações coletivas e à própria coisa julgada coletiva. A Medida Provisória n. 2.180-35/2001, por exemplo, restringiu o objeto material da ação civil pública ao inserir o parágrafo único no art. 1º da Lei da ACP, que afasta o cabimento desse tipo de tutela no caso de pretensões que envolvam tributos e contribuições previdenciárias, o Fundo de Garantia do Tempo de Serviço (FGTS). É possível identificar também diversas limitações ao tema por parte da jurisprudência e por setores da doutrina (ALMEIDA, 2007, p. 84).

No campo do Poder Legislativo e Executivo, é relevante lembrar, ainda, de medidas provisórias e leis que tentaram limitar os efeitos da sentença ao âmbito territorial do juiz, bem como aquelas que tentaram restringir a utilização de ações civis públicas por parte de associações.[73]

No campo jurisdicional, é possível destacar as posições contrárias à legitimação das defensorias públicas, ao controle difuso da constitucionalidade na ação civil pública, à extração de carta de sentença para execução provisória por parte do beneficiário que não foi parte do processo coletivo, assim como, de um modo geral, a interpretação rígida das normas do processo, sem a necessária flexibilização da técnica processual (GOZZOLI *et al.*, 2010, p. 20).

Existe, ainda, a ideia de que a tutela coletiva utilizada para lidar com direitos individuais homogêneos seria uma discricionariedade do legislador, portanto, opção política no sentido de lidar com a litigiosidade repetitiva e que, por essa razão, sua supressão não significaria afronta às garantias de inafastabilidade da jurisdição ou do acesso à justiça, tendo em vista a remanescente possibilidade de ação individual. Tal argumento é utilizado com frequência no sentido de justificar normas que restringem a abrangência do emprego da tutela coletiva para casos de direitos individuais homogêneos, em especial, os casos em que o Poder Público está envolvido.

São diversas as razões que impediram o processo coletivo de resolver vários conflitos em apenas um único processo e não é o objetivo do presente trabalho esgotá-las. No entanto, é importante observar como diversas dessas limitações ao funcionamento do processo coletivo são criadas pelos próprios legisladores, juízes ou poder público que, sistematicamente, criaram obstáculos para o aprimoramento da técnica e ampliação de seu uso.

[73] "[...] as quais, aliás, necessitam de estímulos para realmente ocuparem o lugar de legitimados ativos que lhes compete" (GOZZOLI *et al.*, 2010, p. 20).

2.2. Técnicas de julgamento de casos repetitivos

2.2.1. Histórico da legislação

Conforme abordado anteriormente, o aumento do número de processos ajuizados anualmente e, em especial, o fenômeno da litigiosidade repetitiva exigiram a busca por novas soluções que pudessem suavizar os efeitos negativos da sobrecarga do Judiciário, sua morosidade e a falta de segurança jurídica resultante de tratamentos diversos para casos idênticos. Essas reformas judiciárias buscaram resolver os problemas decorrentes da dificuldade de julgamento de demandas repetitivas por meio de alterações que fortaleceram o sistema de precedentes (REFOSCO, 2018, p. 107).

É nesse contexto que surge a ideia de instalação de métodos de uniformização de jurisprudência e de apreciação das demandas a partir de um caso escolhido como paradigmático, sendo inserida no sistema jurídico brasileiro a possibilidade de julgamentos por amostragem.

Essa técnica pressupõe a existência de um conjunto de casos repetitivos, ou seja, que versem sobre as mesmas questões de fato e/ou direito. A partir desse conjunto de casos, selecionam-se um ou alguns representativos da controvérsia – de preferência, aqueles que estejam bem instruídos, com maior variação de argumentos e que tratem com profundidade da questão em discussão (art. 1.036, § 6º do CPC/2015) – podendo haver a determinação de sobrestamento dos demais. A matéria, então, tem sua admissibilidade julgada por um órgão colegiado ou instância superior e, em caso de admissão, passa-se ao julgamento do mérito. Assim que fixada a tese jurídica relativa àquela questão em discussão, essa será aplicada não só ao caso representativo de controvérsia, mas aos demais processos suspensos e/ou a ele afetados.

No Direito brasileiro, é possível identificar como primeiro passo em direção à instalação de técnicas de uniformização de julgamentos a Lei n. 8.437/1992, que previa em seu artigo 4º, § 8º a possibilidade de suspensão, em uma única decisão, de liminares com idêntico objeto, podendo o presidente do tribunal estender os efeitos às liminares supervenientes, mediante simples aditamento do pedido original. A regra, portanto, visava afastar a divergência jurisprudencial simbolizada pelo tratamento diverso de situações substancialmente idênticas (CUNHA, 2011, p. 250).

O Código de Processo Civil de 1973 também dispunha sobre mecanismos que se aproximavam da ideia de julgamento por amostragem, uniformização da jurisprudência ou de racionalização de julgamentos. O Incidente de Uniformização da Jurisprudência, previsto no art. 476 do CPC/73, por exemplo, dispunha sobre a possibilidade de cisão de julgamento diante da divergência jurisprudencial interna em um tribunal sobre a interpretação de uma norma jurídica.[74] Já o art. 551, §1º, do CPC/73 previa a afetação de julgamento a órgão indicado pelo Regimento Interno para prevenir ou compor divergência entre câmaras ou turmas do tribunal, tratando-se de uma forma de uniformização da jurisprudência mais simples e menos burocrática do que aquela prevista no artigo 476 do CPC/73.

Ainda no sentido de racionalização de julgamento de demandas em massa, o CPC/73 sofreu alteração, incluindo-se, por meio da Lei n. 11.277/2006, o artigo 285-A, que previa o julgamento imediato de improcedência da lide quando a questão controvertida fosse unicamente de direito e já houvesse sentença, naquele mesmo juízo e em casos idênticos, de total improcedência.

A Lei n. 10.259/2001, por sua vez, que dispõe sobre a instituição dos Juizados Especiais Cíveis e Criminais no âmbito da Justiça Federal, traz em seu texto o pedido de uniformização da interpretação de lei federal no âmbito dos Juizados Especiais Federais (art. 14, § 5º e §9º da Lei n. 10.259/2001) nos casos em que há divergência jurisprudencial regional ou julgamento contrário à súmula ou jurisprudência dominante do STJ, bem como a possibilidade de medida liminar de suspensão liminar dos casos que tratassem de idêntica controvérsia.[75] Essa possibilidade passou a ser aplicada também aos pedidos de suspensão de liminares ou sentenças proferidas em mandado de segurança, com base no § 5º, do art. 15, da Lei n. 12.016/2009. Nota-se, portanto, que a legislação brasileira previa desde 2001 um mecanismo que se relaciona às demandas repetitivas, na medida em que conferia autorização ao presidente do tribunal para que suspendesse, por meio de apenas uma decisão, várias liminares que possuíssem idêntico objeto, estendendo-se a suspensão a futuras liminares (ROQUE, 2016 p. 27).

[74] Ver mais sobre o assunto em Cunha (2010).

[75] A Medida Provisória n. 2.180-35/2001 alterou o Art. 4º, § 4 da Lei n. 8.437/1992 para incluir a possibilidade de suspensão.

A exemplo do que acontece nos Juizados Federais, passou a ser cabível, no âmbito dos Juizados Estaduais da Fazenda Pública, o pedido de uniformização da interpretação de lei nos casos em que for verificada a divergência de uma decisão em relação a de outra Turma Recursal sobre questões de direito material (art. 18 da Lei n. 12.153/2009).

Todos esses mecanismos criados ao longo das últimas duas décadas visavam lidar com os efeitos negativos da litigiosidade de massa, e apresentavam-se como tentativas de garantir maior segurança jurídica, uniformidade de decisões e isonomia ao sistema jurídico brasileiro. Essa lógica de manobra dos efeitos da litigiosidade repetitiva por meio do fortalecimento e uniformização da jurisprudência foi ainda mais intensificada nos anos seguintes, com a criação das Súmulas Vinculantes, Repercussão Geral e Recursos Especiais Repetitivos.

2.2.2. Súmula vinculante, repercussão geral e os recursos especiais repetitivos

A Emenda Constitucional n. 45/2004, conforme observado anteriormente, trouxe uma série de reformas judiciais que visavam, prioritariamente, o adereçamento dos problemas gerados pelo aumento da litigiosidade (em especial, a de massa). Nesse sentido, a referida emenda trouxe em seu texto a possibilidade de edição de súmulas vinculantes, disposição prevista no artigo 103-A da Constituição Federal de 1988.

Para que seja editada Súmula Vinculante, é necessária decisão de dois terços dos membros do Supremo Tribunal Federal (STF), após reiteradas decisões sobre matéria constitucional. O entendimento fixado pelo STF vincula todos os órgãos do Poder Judiciário e Administração Pública direta e indireta, nas esferas federal, estadual e municipal.

A Súmula Vinculante tem por objetivo "a validade, a interpretação e a eficácia de normas determinadas, acerca das quais haja controvérsia atual entre órgãos judiciários ou entre esses e a Administração Pública que acarrete grave insegurança jurídica e relevante *multiplicação* de processos sobre questão *idêntica*" (CUNHA, 2010, p. 260). Trata-se de mecanismo que visa a redução da dispersão jurisprudencial, garantia de uniformidade de decisões e tratamento isonômico aos casos massificados.

Ainda nesse sentido, o fenômeno do aumento da litigiosidade repetitiva foi sentido também no âmbito dos tribunais superiores, de modo que a Emenda Constitucional n. 45/2004 também previu a redação do artigo 102, §3º, que incluiu a necessidade de a questão constitucional debatida em âmbito de recurso extraordinário possuir repercussão geral para que fosse analisada pelo STF.

Inicialmente, a repercussão geral consistia em filtro de admissibilidade de recursos no âmbito do STF e, somente com a regulamentação trazida pela Lei n. 11.418/2006 – que incluiu os artigos 543-A e 543-B no CPC/73 – que a repercussão geral se aproximou da técnica de julgamento por amostragem. O artigo 543-B permitia, caso identificada a multiplicidade de recursos extraordinários com fundamento em idêntica controvérsia, a seleção de um ou mais recursos para julgamento e o sobrestamento dos demais, sendo aplicada a decisão proferida nos casos selecionados aos demais a eles afetados.

Inicialmente, portanto, a sistemática de julgamento de casos repetitivos concentrava-se no âmbito do STF. Contudo, o legislador ordinário entendeu ser possível a ampliação do instituto de modo a abarcar também os recursos especiais repetitivos processados no Superior Tribunal de Justiça (STJ). Algumas modificações seriam imprescindíveis com relação ao mecanismo no âmbito do STF sendo, desse modo, instituído o artigo 543-C no CPC/73, por meio da Lei n. 11.672/2008. A grande diferença entre o procedimento previsto para os recursos repetitivos extraordinários e especiais é a presença ou não de repercussão geral, que não existe na sistemática do art. 543-C do CPC/73. Excluindo-se a repercussão geral, os procedimentos se tornam essencialmente iguais.

2.2.3. O Incidente de Resolução de Demandas Repetitivas

A crescente preocupação com a crise do Poder Judiciário e, em especial, com o tratamento adequado dos casos repetitivos foi traduzida no CPC/2015, que tem como tônica principal a garantia da segurança jurídica e celeridade processual.[76] No texto do anteprojeto, que deu origem ao PLS n. 166/2010, fica

[76] De acordo com a exposição de motivos do CPC/2015 (BRASIL/CONGRESSO NACIONAL/SENADO FEDERAL, 2010a): "O novo Código de Processo Civil tem o potencial de gerar um processo mais célere, mais justo, porque mais rente às necessidades sociais e muito

clara a preocupação dos legisladores com o que chamaram de "dispersão excessiva da jurisprudência",[77] que transmitiria intranquilidade social e descrédito às instituições judiciais, em razão da violação à isonomia quando da prolação de decisões diversas para casos substancialmente idênticos (BRASIL/CONGRESSO NACIONAL/SENADO FEDERAL, 2010a). Ainda de acordo com o texto do anteprojeto, a suposta "tendência à diminuição do número de recursos que devem ser apreciados pelos Tribunais de segundo grau e superiores é resultado inexorável da jurisprudência mais uniforme e estável" adquirida nos últimos anos a partir da criação de figuras a repercussão geral ou do julgamento de recursos especiais repetitivos. Nesse sentido, o novo código busca complementar o sistema de julgamento de demandas repetitivas, apontado como o responsável pela melhora na conjuntura relativa aos efeitos da litigiosidade repetitiva, a partir da criação de um novo instituto: o Incidente de Resolução de Demandas Repetitivas (IRDR).

O IRDR tem inspiração no instituto alemão *Musterverfahren*,[78] tal como explicitado na exposição de motivos e está previsto nos artigos 976 a 987 do Código de Processo Civil. Consiste em uma técnica de julgamento de casos repetitivos à semelhança dos mecanismos já instaurados no STF e STJ, em que um caso é selecionado entre muitos que versem sobre a mesma questão de direito para que seja julgado e, assim, seja fixada uma tese jurídica única sobre determinada controvérsia que surge repetidas vezes em diversos processos, tese essa a ser aplicada a todos os casos idênticos. Nesse sentido, o IRDR foi elaborado como uma tentativa de facilitar e acelerar a resolução de demandas repetitivas, tratando-as de forma mais uniforme e racional. O ineditismo do instituto, portanto, reside na racionalização do julgamento de casos repetitivos logo nas instâncias inferiores.

A instauração do IRDR, que pode ser requerida pelas partes, Ministério Público, Defensoria Pública, juiz ou relator (art. 977 do CPC/2015),

menos complexo" e, ainda: "Levou-se em conta o princípio da razoável duração do processo. Afinal a ausência de celeridade, sob certo ângulo, é ausência de justiça". Em relação à segurança jurídica: "O novo Código prestigia o princípio da segurança jurídica, obviamente de índole constitucional, pois que se hospeda nas dobras do Estado Democrático de Direito e visa a proteger e a preservar as justas expectativas das pessoas".

[77] "A dispersão excessiva da jurisprudência produz intranquilidade social e descrédito do Poder Judiciário" (BRASIL/CONGRESSO NACIONAL/SENADO FEDERAL, 2010a).

[78] Ver mais sobre a origem do instituto em MENDES, 2017.

fica condicionada à existência de dois pressupostos positivos cumulativos, quais sejam a efetiva repetição de processos que contenham controvérsia sobre a mesma questão de direito e a presença de risco à isonomia e à segurança jurídica. Além disso, um pressuposto negativo se impõe para a admissibilidade do incidente, que consiste na inexistência prévia de recurso repetitivo submetido à sistemática de julgamento de casos repetitivos no âmbito dos tribunais superiores.[79]

O texto legal dispõe que a identificação da repetitividade se dá apenas em relação à questão de direito concernente à demanda, dispensando outros critérios de semelhança dos demais elementos da lide. Desse modo, o Código, ao mesmo tempo que afasta a instauração do incidente nos casos de similitude de questões fáticas entre as demandas, amplia seu uso para além das demandas repetitivas, incluindo no rol de possibilidades os casos dos processos heterogêneos, mas que possuam questões de direito comuns, sejam elas de direito material ou processual (BECKER, 2017, p. 50).

Deve-se destacar que, conforme observado na redação da lei em questão, não basta a mera repetitividade da questão de direito, devendo haver risco à segurança jurídica e à isonomia em razão de respostas jurisdicionais diversas, que tratem situações iguais de forma distinta, gerando instabilidade e imprevisibilidade aos jurisdicionados. Desse modo, se identificado que determinada situação repetitiva vem sendo tratada de forma uniforme pela jurisprudência, não há razão para instauração do incidente.

O CPC/2015 traz, ainda, a necessidade de publicidade da instauração do IRDR no seu artigo 979.[80] Trata-se de um mecanismo trazido pelo texto legal para garantir que a instauração do incidente seja disseminada, garantindo

[79] Art. 976. É cabível a instauração do incidente de resolução de demandas repetitivas quando houver, simultaneamente: I – efetiva repetição de processos que contenham controvérsia sobre a mesma questão unicamente de direito; II – risco de ofensa à isonomia e à segurança jurídica. § 4o É incabível o incidente de resolução de demandas repetitivas quando um dos tribunais superiores, no âmbito de sua respectiva competência, já tiver afetado recurso para definição de tese sobre questão de direito material ou processual repetitiva.

[80] CPC, art. 979: A instauração e o julgamento do incidente serão sucedidos da mais ampla e específica divulgação e publicidade, por meio de registro eletrônico no Conselho Nacional de Justiça. § 1º Os tribunais manterão banco eletrônico de dados atualizados com informações específicas sobre questões de direito submetidas ao incidente, comunicando-o imediatamente ao Conselho Nacional de Justiça para inclusão no cadastro. § 2º Para possibilitar a identificação dos processos abrangidos pela decisão do incidente, o registro eletrônico das teses jurídicas

que todos que sejam afetados pela decisão a ser proferida sejam informados do julgamento e tenham a possibilidade de participar do convencimento dos magistrados envolvidos. Nesse sentido, o código prevê o registro eletrônico do IRDR em bancos eletrônicos em todos os tribunais e seu cadastro no CNJ.

A publicidade da instauração do incidente tem especial importância a fim de conferir legitimidade à eficácia da sua decisão e garantir que a sociedade tenha conhecimento do conteúdo debatido, a fim de poder contribuir com a elaboração da tese jurídica (TEMER, 2016, p. 134). A publicidade é importante também no sentido de garantir que os juízos vinculados ao tribunal sejam informados e, assim, possam enquadrar os casos repetitivos, tanto para fins de suspensão como para permitir o envolvimento dos afetados. Além disso, a identificação de casos abrangidos pela decisão do incidente também fica condicionada à existência de informações sobre os processos já julgados em sede de IRDR, o que exige a manutenção de um banco de dados consistente que ofereça informações suficientes para que seja possível a identificação.

2.3. Traçando um paralelo entre processo coletivo e o IRDR

Ao traçarmos um paralelo entre o IRDR e o processo coletivo buscamos retratar como os institutos estão dispostos no ordenamento jurídico brasileiro e como interagem. Nesse sentido, o primeiro ponto de dúvida que surge é se as duas sistemáticas foram criadas para lidar com a mesma questão e se seus objetivos são os mesmos.

Há quem defenda que o substrato de que tratam o processo coletivo e os mecanismos de julgamento de casos repetitivos notadamente, o IRDR, é o mesmo: direitos individuais homogêneos. Ou seja, ambas as técnicas poderiam ser manejadas, em última análise, para a tutela dos mesmos tipos de direito (RODRIGUES, 2015, p. 556).

De outra parte, há quem compreenda diferenças entre o objeto das duas técnicas. Nesse sentido, André Vasconcelos Roque (2016) entende que

constantes do cadastro conterá, no mínimo, os fundamentos determinantes da decisão e os dispositivos normativos a ela relacionados.

processo coletivo estaria voltado para questões que o IRDR não abarca e vice--versa, havendo pontos de interseção entre as duas sistemáticas, conforme a Figura 1, a seguir, apresenta.

Figura 1 – Relação entre ações coletivas e o IRDR

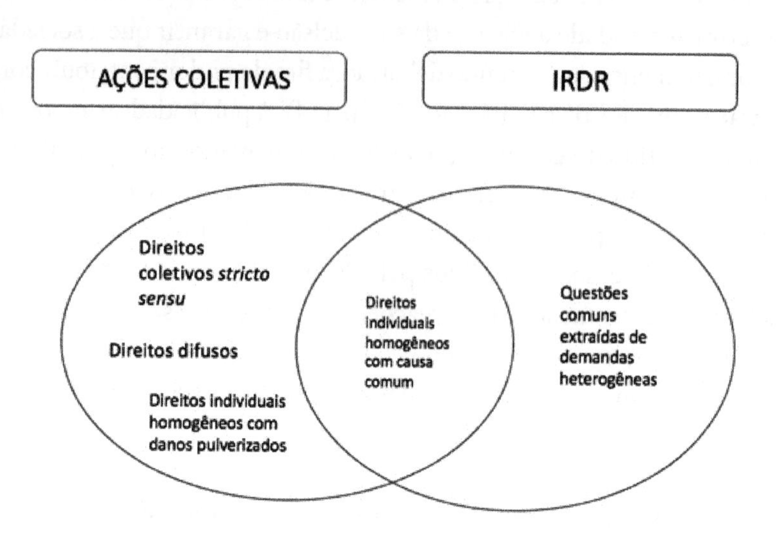

Fonte: Roque (2016, com adaptações da autora).

Roque analisa, portanto, qual seria o objeto de cada uma das técnicas dentro do ordenamento jurídico brasileiro. De acordo com o autor, a tutela coletiva teria maior abrangência do que os julgamentos de casos repetitivos por amostragem, pois incluiria os direitos coletivos *stricto sensu* e os direitos difusos. Por outro lado, o julgamento de casos repetitivos abrangeria demandas heterogêneas com questões em comum, enquanto a tutela coletiva de direitos individuais homogêneos seria voltada à proteção de direitos de origem comum, ou seja, oriundas do mesmo contexto fático.

Conforme observado, para o autor, o ponto de interseção entre as duas técnicas seria os casos em que se discute "direitos individuais homogêneos com pretensões individuais significativas".

Sobre esse entendimento, há que se mencionar o debate que gerou divergências na doutrina sobre o escopo do IRDR. De um lado, alguns acreditam que a técnica se voltaria apenas ao julgamento de causas efetivamente similares, enquanto outros defendem que seu uso abarque quaisquer questões jurídicas judicializadas repetidamente, ainda que sejam veiculadas em demandas cujos elementos fáticos não se assemelhem (ASPERTI, 2018, p. 134).

Na visão de Luiz Guilherme Marinoni, as técnicas de julgamento de casos repetitivos foram pensadas no sentido de resolução de demandas situadas "em um mesmo contexto conflitivo", ou seja, não basta que a questão discutida seja semelhante, sendo necessária a verificação de que o substrato fático relativo a essas demandas seja o mesmo.

No mesmo sentido, Amanda de Araújo Guimarães sustenta que o objeto do IRDR deve ser observado a partir de seus requisitos, propósitos e, principalmente, de sua denominação (demandas repetitivas), ou seja, é uma sistemática voltada à solução de questões predominantemente de direito e que surgem a partir do contexto de litigiosidade repetitiva. Nesse sentido, ainda que o julgamento se volte à apreciação de questão jurídica repetitiva, a análise estaria, inevitavelmente, atrelada a uma litigância repetitiva identificada e, portanto, a um contexto fático específico (GUIMARÃES, 2017, p. 150-154).

Por outro lado, há quem defenda a dispensa de similitude de questões fáticas para a instauração do IRDR, uma vez que o instituto está voltado para apreciação de questão jurídica comum, que poderia ser extraída de processos diversos. Nesse sentido, "[...] os procedimentos de resolução de casos repetitivos podem se referir a questões incidentais, como o prazo de prescrição relativo a determinado pleito dos consumidores ou mesmo a matérias estritamente processuais" (ROQUE, 2016, p. 31).

E, ainda, muito embora alguns entendam que questões predominantemente de direito possam ser submetidas ao regramento do IRDR mesmo em casos cujo suporte fático é diverso, o principal objetivo dessa técnica é dirimir casos considerados repetitivos, ou seja, decorrentes de litigiosidade repetitiva, entendida aqui como a proliferação de demandas que reverberam a atuação de grandes entes públicos ou privados que suscitam as mesmas questões de fato e de direito, em volume significativo e compatível com a amplitude de sua atividade. Assim, mesmo que seja possível a aplicação da técnica para o julgamento abstrato de questões jurídicas, há inegável importância da compreensão do contexto fático que embasou tais questões e da litigiosidade repetitiva dentro da qual a discussão está inserida (ASPERTI, 2018, p. 139).

A realidade é que a depender do que se compreende pelo objeto do IRDR, pode-se considerar que haja uma sobreposição em relação às ações coletivas ou, apenas, uma interseção em que ambas as técnicas seriam aplicáveis. Ou seja, se considerarmos que o escopo do IRDR se limita aos casos em que haja semelhança fática entre as demandas, sua coincidência com a proteção de direitos individuais homogêneos é maior do que quando consideramos que o IRDR pode lidar com questões juridicamente semelhantes provenientes de situações fáticas diversas, o que fugiria do escopo da ação coletiva. De todo modo, o ordenamento jurídico brasileiro prevê duas formas de tutelar direitos individuais homogêneos: a ação coletiva ou métodos de julgamento de casos repetitivos.

Outro ponto relevante diz respeito à distinção entre a tutela coletiva e o IRDR. Muitos consideram que as técnicas de julgamento de casos repetitivos seriam parte da sistemática coletiva, uma vez que tais procedimentos seriam voltados ao processamento e à apreciação, em um só processo, de direitos individuais homogêneos (ROQUE, 2016, p. 16).

Os defensores deste ponto de vista acreditam que a tutela coletiva é conceituada a partir do objeto litigioso de que trata, ou seja, relações jurídicas coletivas, assim entendidas como aquelas em que um dos sujeitos – ativo ou passivo – é um grupo (comunidade, categoria, classe, etc.). Nesse sentido: "se a relação jurídica litigiosa envolver direito ou dever ou estado de sujeição de um determinado grupo, está-se diante de um processo coletivo" (DIDIER JR. e ZANETI JR., 2017, p. 182). Trata-se de um equívoco conceitual.

Em primeiro lugar, há que destacar que, conforme visto, quando falamos em litigiosidade repetitiva estamos discutindo direitos individuais e não transindividuais. Nesse sentido, o processo coletivo voltado para a solução desses conflitos se justifica não pela indivisibilidade do direito, mas sim por uma questão de promoção de acesso à justiça, economia processual, isonomia e segurança jurídica. A relação jurídica em discussão, em suma, é individual. Não há que se falar, portanto, em titularidade de um "grupo de pessoas", mas sim de diversos indivíduos identificáveis. O que se pode dizer é que são técnicas que, embora veiculem pretensões individuais, tem importantes repercussões coletivas (RODRIGUES, 2015, p. 556).

Em segundo lugar, e ainda mais importante, a diferença entre as técnicas é substancial. O processo coletivo conta com a agregação de diversas demandas em um processo só, enquanto o IRDR não conta com mecanismo de molecularização de demandas. Ao contrário, a técnica não foge do paradigma individual do processo, em que uma parte enfrenta a outra. A inovação do instituto, portanto, consiste no efeito atribuído à decisão do caso paradigmático, que será aplicado aos casos idênticos.

Esse ponto é relevante sob dois aspectos: acesso à justiça e representatividade adequada. Em relação à promoção do acesso à justiça, o processo coletivo viabilizaria a judicialização de demandas que, individualmente, seriam inviáveis. Casos em que os incentivos são baixos e que o custo-benefício de ajuizar uma ação são impraticáveis só seriam levados às cortes por meio de ações que agregassem as pretensões, individualmente diminutas, em blocos moleculares maiores.

Além disso, o processo coletivo é pensado a partir de uma perspectiva de garantia de representatividade adequada aos litigantes que teriam menor potencial (econômico, informacional, técnico, etc.) para demandar em juízo, o que permitiria a garantia de equilíbrio de forças entre as partes, ampliando o acesso à justiça (CAPPELLETI e GARTH, 1988). Considerando o uso do processo coletivo para questões repetitivas, esse componente se torna ainda mais relevante, à medida que esse tipo de conflito pressupõe a participação de litigantes habituais e eventuais.

Assegurar a tutela de direitos ontologicamente indivisíveis (direitos difusos e coletivos *stricto sensu*) não está entre os objetivos do IRDR que, no que diz respeito ao acesso à justiça, busca garantir segurança jurídica ao uniformizar as decisões e trazer celeridade ao processo. Isso quer dizer que, para apreendermos o significado do acesso à justiça no IRDR, é necessário trazer entendimentos diversos para o acesso à justiça na entrada no sistema judiciário e o acesso à justiça na saída do sistema judiciário. A tutela coletiva tem como objetivo impactar o acesso à justiça na entrada e na saída, enquanto que o IRDR atua principalmente na saída. Por fim, é importante ressaltar que a tutela coletiva de direitos individuais foi pensada a partir de uma lógica de promoção de acesso à justiça, enquanto o IRDR tem como fundamento principal o gerenciamento de processos, a promoção de celeridade processual e segurança jurídica.

3. A Elaboração do Código de Processo Civil de 2015

3.1. Breves notas metodológicas

O objetivo primordial do presente capítulo consiste em traçar o panorama geral de elaboração do CPC/2015 por meio do exercício descritivo do processo legislativo, suas etapas principais, atores relevantes que participaram de sua criação e os argumentos mobilizados por eles. Para isso, foram utilizados documentos produzidos pelo Senado Federal e a Câmara dos Deputados relativos à elaboração do Código, especificamente: atas de reuniões das comissões, atas das audiências públicas, texto do anteprojeto, substitutivos, pareceres, emendas, vetos e notícias relativas à elaboração do CPC/2015.[81]

Os marcos temporais primordiais do trabalho, portanto, são a criação da Comissão de Juristas do Senado Federal para a reforma do CPC/73, que foi escolhido por apontar a institucionalização da vontade política de realização da reforma, e o fim dos trabalhos legislativos com a entrada em vigor do CPC/2015 (não serão abordadas reformas posteriores).

Destaca-se, inclusive como primeiro achado de pesquisa, que os documentos no *site* do Senado Federal estão dispostos de forma pouco organizada e de difícil acesso. Não foi possível localizar todas as atas das reuniões e

[81] Todos os documentos oficiais foram obtidos no *site* do Senado Federal e da Câmara dos Deputados. Disponível em: https://www25.senado.leg.br/web/atividade/materias/-/materia/116731 e http://www.camara.gov.br/proposicoesWeb/fichadetramitacao?idProposicao=490267. Acessos em: 23 mar. 2018.

audiências públicas[82] realizadas pela Comissão de Juristas responsável pela redação do anteprojeto do Código. No *site* da Câmara dos Deputados, no entanto, os documentos relativos à elaboração do CPC/2015 estão concentrados no mesmo espaço, o que facilita sua sistematização e análise.[83] Além disso, é possível identificar uma enorme quantidade de informações e documentos no espaço da Câmara dos Deputados. Tendo em vista as limitações de tempo da pesquisa, seria impossível revisar o material em sua totalidade, de modo que foi necessária a criação de uma sistematização de análise que permitisse a observação dos pontos relevantes da elaboração do CPC/2015 para a presente obra. Esse caminho foi fornecido pelas notícias trazidas pelo próprio *site* da Câmara dos Deputados.

Assim, a página de notícias foi utilizada como *proxy*. Todas as notícias publicadas no *site* da Câmara dos Deputados sobre a tramitação do Código – 309, no total – foram lidas e catalogadas.[84] Nos momentos em que as notícias revelavam episódios (reuniões, audiências públicas, conferências, etc.) em que as discussões tocavam em uma das categorias (acesso à justiça, IRDR, processo coletivo), esse evento era sinalizado para que pudesse ser analisado com maior profundidade.

Com relação à análise dos documentos relativos ao processo legislativo de elaboração do CPC/2015, inicialmente foi realizada leitura exploratória com o objetivo de verificar quais as informações que se poderia obter a partir do material selecionado. No sentido de organizar as informações obtidas na leitura preliminar, em uma tentativa de sistematização dos dados, cinco categorias foram criadas inicialmente: (i) organização dos trabalhos legislativos; (ii) princípios norteadores; (iii) acesso à justiça; (iv) processo coletivo;

[82] As atas da 3ª, 4ª e 14ª reuniões da Comissão de Juristas do Senado Federal encontravam-se apenas em sua versão circunstanciada, ou seja, resumida. As demais, contudo, possuíam as transcrições dos debates e discussões em sua integralidade. Não foi possível localizar as atas da 2ª e 3ª audiências públicas realizadas no âmbito do Senado Federal.

[83] Destaque-se, ainda, que solicitei auxílio para obtenção dos documentos por meio do canal de atendimento do *site* da Câmara dos Deputados, que forneceu as informações com rapidez e precisão.

[84] As notícias observadas foram obtidas na página de tramitação dos PL 6.025/2005 e PL 8.046/2010, principais projetos de lei sobre o Código de Processo Civil de 2015.

(v) IRDR.[85] A partir da criação das categorias, a leitura dos documentos passou a ser realizada de forma mais aprofundada e detalhada.

A primeira categoria (organização dos trabalhos legislativos) englobava todas as menções à forma de organização dos trabalhos legislativos, inclusive encontros extraoficiais e envio de e-mails entre os membros das comissões da Câmara dos Deputados e do Senado Federal. Mapear a forma de organização dos trabalhos legislativos nos ajuda a compreender quais formas de participação existiram na elaboração do CPC/2015 e quais atores se utilizaram delas. Além desse mapeamento, as informações classificadas dentro dessa categoria puderam auxiliar a identificar possíveis pontos cegos da pesquisa, uma vez que algumas das discussões acerca dos temas abordados no código foram discutidos em espaços extraoficiais, não ficando registradas nos documentos analisados.

A segunda categoria (princípios norteadores) foi criada no sentido de identificar as prioridades definidas pelos participantes da elaboração do CPC/2015 e qual a tônica da reforma. Essa categoria é relevante na medida em que revela quais são as premissas e balizas principais para a tomada de decisão legislativa e os principais objetivos que se pretendia atingir. Destaque-se que, diante da dificuldade de significação do termo "princípios" e após a revisão inicial dos documentos e identificação de dados de pesquisa, esta categoria se mostrou imprecisa e insuficiente, sendo transformada, após a análise dos dados obtidos, no tópico "celeridade e segurança jurídica".

As demais categorias foram estabelecidas com o objetivo de individualizar as menções específicas aos institutos do IRDR e do processo coletivo, bem como ao acesso à justiça. A partir dessas informações buscava-se evidenciar quais são as justificativas mobilizadas para as escolhas políticas relacionadas aos temas sinalizados.

Com base nas categorias definidas como chaves de pesquisa, foi possível sistematizar os achados dividindo-os em grupos de análise. Na primeira parte traremos os limites da presente pesquisa e as dificuldades encontradas ao longo de sua elaboração. Em seguida, traçaremos a linha do tempo da tramitação

[85] As categorias foram criadas com o objetivo de auxiliar a sistematização dos dados obtidos a partir dos documentos observados. Desse modo, após a análise inicial, as categorias foram revisitadas e alteradas.

do Código, distinguindo quem foram os atores que participaram desse processo e em que momento. Na parte final abordaremos o que foi discutido durante a elaboração sobre acesso à justiça, processo coletivo e IRDR, evidenciando as principais discussões e sistematizando o entendimento trazido pelo CPC em relação aos temas.

3.1.1. Limites da pesquisa

É válida a ponderação de que não é possível, a partir das falas dos congressistas, acessar suas intenções e seus objetivos reais, até porque muito do que é dito é permeado por um forte componente retórico. No entanto, muito pode ser apreendido a partir desses materiais, seja em relação ao que foi aprovado, seja em relação ao que ficou ausente dos documentos oficiais.

Outra limitação da pesquisa documental reside no fato de que momentos em que decisões ou discussões relativas ao código ficaram ausentes de registros oficiais. Ou seja, como não é possível acessar todas as informações sobre a tramitação dos projetos de lei que tratavam de alterações no CPC e que em 2009 foram apensados ao PL 8.046/2010, por meio de documentos oficiais e notícias, a reconstituição de todas as decisões e discussões não é completa.

A título exemplificativo, na primeira reunião oficial da Comissão de Juristas do Senado Federal[86] em diversos momentos temas são retomados pelos membros sem maiores explicações, evidenciando que algumas questões já haviam sido discutidas anteriormente,[87] de forma privada. Ou seja, são ideias preconcebidas em espaços extraoficiais e que ficaram ocultas nos relatos das audiências e reuniões.

[86] A 1ª Reunião da Comissão de Juristas do Senado Federal se deu no dia 30 de novembro de 2009 e contou com a participação de todos os seus membros. Disponível em: http://legis.senado.leg.br/diarios/BuscaDiario?tipDiario=1&datDiario=03/02/2010&paginaDireta=00542. Acesso em: 18 mar. 2018.

[87] Em alguns momentos, os membros da comissão fazem menções diretas a esses encontros extraoficiais como, por exemplo: "[...] o meu sentimento de que efetivamente nós vamos conseguir chegar a um excelente termo, na medida em que nós já tivemos a preocupação de trocarmos as nossas ideias com antecedência [...]". Ou ainda: "Principalmente por essa estratégia de trocarmos nossas ideias antes, efetivamente, da reunião"; "[...] nossa comissão já se comunicou intensamente por e-mail, falei muito com o Jansen, falei muito com o Zé Miguel [...]".

Esses momentos extraoficiais também são evidenciados por Elpídio Donizetti em texto no qual diz que: "O *site* do Senado registra ter a 1ª reunião da comissão ocorrido em 30/11/2009. Os trabalhos, todavia, já estavam em curso pelo menos desde o dia 03 daquele mês". E ainda: "Em 30/03/2010, a Comissão decidiu realizar reuniões até então não previstas, nos finais de semana dos dias 17, 18, 24 e 25 de abril, para concluir o anteprojeto".[88] A afirmação de Elpídio Donizetti corrobora os dados extraídos das atas da reunião, nos quais ficam claros os encontros extraoficiais dos membros da Comissão de Juristas.

É interessante observar, ainda, que na mesma oportunidade Elpídio Donizetti se opõe às reuniões realizadas fora do âmbito de Brasília e, inclusive, questiona a legitimidade do projeto, justamente porque este teria sido elaborado de forma inapropriada:

> Reuniões em finais de semana, fora de Brasília, quiçá em lugares inadequados, em vez de salvar o projeto (que o sufrágio da maioria teima em entregar "no tempo senatorial"), pode por tudo a perder. Em outras palavras, agora a (i)legitimidade do projeto, porque realizado em dias, horários e locais inapropriados para atos do Senado da República, a emenda pode ficar muito pior que o próprio soneto.

Essas informações seriam mais bem acessadas por meio de entrevistas com esses atores, mas isso não foi possível neste trabalho. Destaca-se, no entanto, que sua ausência não compromete os resultados, pois apenas poderiam jogar luz sobre algumas disputas que são difíceis de traduzir a partir de documentos oficiais disponibilizados. Conforme será possível observar nos tópicos a seguir, a análise documental se mostrou suficiente para responder à pergunta de pesquisa proposta, bem como para testar as hipóteses delineadas.

[88] Disponível em: http://www.direitointegral.com/2010/04/novo-cpc-anteprojeto-prazo-prorrogacao.html. Acesso em: 12 ago. 2018.

3.2. A linha do tempo do Código de Processo Civil de 2015

Em um primeiro momento, é relevante compreender como se deu o processo de elaboração do código no espaço e no tempo, observando sua movimentação no Congresso Nacional ao longo dos anos em que foi debatido. Nesse sentido, estabelecemos uma linha do tempo com os principais acontecimentos e atores envolvidos. Incluiu-se, ainda, o perfil dos participantes das Comissões de Juristas responsáveis pela elaboração do anteprojeto no Senado Federal, bem como uma tentativa de elencar quem foram os juristas notáveis que interferiram nos debates na Câmara dos Deputados.

O CPC/2015 teve sua elaboração iniciada no âmbito do Senado Federal, com a nomeação da Comissão de Juristas responsável por redigir o seu anteprojeto.[89] Os trabalhos da comissão foram iniciados em 30 de novembro de 2009 e contaram com 14 reuniões e 8 audiências públicas – realizadas em todo o Brasil. O anteprojeto foi entregue a José Sarney, o presidente do Senado Federal à época. O então ministro do Superior Tribunal de Justiça, Luiz Fux, que presidiu a comissão, debateu a proposta com os membros da Comissão de Constituição, Justiça e Cidadania (CCJ) do Senado Federal. Finalizada essa etapa, o anteprojeto foi encaminhado e lido no plenário no dia 8 de junho de 2010, transformando-se, então, no projeto de lei n. 166/2010. No dia 9 de julho de 2010 foi nomeada comissão especial de 11 senadores[90] responsável pelo exame da proposta, que foi discutida e modificada por emendas. O Senador Valter Pereira foi designado relator-geral e, ainda, foram designados como relatores parciais: Antonio Carlos Júnior – Processo Eletrônico; Romeu Tuma – Parte Geral; Marconi Perillo – Processo de Conhecimento; Almeida Lima – Procedimentos Especiais; Antonio Carlos Valadares – Cumprimento

[89] A comissão foi nomeada pelo Senador José Sarney.

[90] Titulares da Minoria (DEM/PSDB): Demóstenes Torres (DEM); Antonio Carlos Júnior (DEM); Marconi Perillo (PSDB); Papaléo Paes (PSDB). Suplentes da Minoria: Marco Maciel (DEM); Adelmir Santana (DEM); Cícero Lucena (PSDB); Alvaro Dias (PSDB); Titulares da Maioria (PMDB/PP): Renan Calheiros; Almeida Lima; Valter Pereira; Romero Jucá; Valdir Raupp; Fracisco Dornelles. Bloco de apoio ao governo (PT/PR/PRB/PCdoB) PTB: Romeu Tuma; Gim Argello (suplente); PDT: Acir Gurgacz. Disponível em: http://legis.senado.leg.br/diarios/BuscaDiario?tipDiario=1&datDiario=10/07/2010&paginaDireta=35348. Acesso em: 12 jul. 2018.

das Sentenças e Execução e Acir Gurgacz – Recursos.[91] A Comissão Especial realizou 15 encontros e, enfim, em 15 de dezembro de 2010 aprovou o substitutivo, que foi enviado à Câmara dos Deputados.

Destaque-se que o projeto aprovado pelo Senado ficou em consulta pública no *site* do Ministério da Justiça entre março e abril de 2010. A proposta recebeu mais de 2,5 mil comentários e cerca de 10,7 mil visitantes no período.[92]

Na Câmara dos Deputados, em se tratando de projeto de código, o projeto de lei seguiu o rito especial de tramitação, sendo aplicáveis as regras previstas nos artigos 205 a 211 do Regimento Interno da Câmara dos Deputados (RICD). Desse modo, foi instalada, no dia 18 de agosto de 2011 pelo Presidente da Câmara dos Deputados Marco Maia, comissão especial[93] composta por 25 membros titulares e de igual número de suplentes, mais um titular e suplente, atendendo ao rodízio entre bancadas não contempladas. Os membros da comissão especial estão elencados Quadro 1, a seguir.

Quadro 1 – Membros da Comissão Especial da Câmara dos Deputados

Presidente: Fábio Trad (PMDB/MS)
Relator-Geral: Paulo Teixeira (PT/SP) / Sérgio Barradas Carneiro PT/BA[94]
Relator-Parcial: Efraim Filho (DEM/PB)
Relator-Parcial: Jerônimo Goergen (PP/RS)
Relator-Parcial: Bonifácio de Andrada (PSDB/MG)

91 Disponível em: https://legis.senado.leg.br/diarios/BuscaDiario?codDiario=2376#diario. Acesso em: 3 mar. 2019.

92 Disponível em: https://www.camara.leg.br/noticias/219899-especialistas-defendem-mudancas-no-projeto-de-novo-codigo-de-processo-civil/. Acesso em: 08 jun. 2020.

93 Comissão temporária criada para analisar e votar proposta de emenda à Constituição (PEC), projeto de código e propostas que envolvam matéria de competência de mais de três comissões de mérito.

94 Barradas foi inicialmente indicado pelo PT para a presidência da comissão especial sobre o tema, mas não pôde assumir o posto por um detalhe regimental, que impede suplentes em exercício do mandato de comandar comissões especiais. Desse modo, lhe foi conferida a relatoria-geral do Código.

Relator-Parcial: Arnaldo Faria de Sá (PTB/SP)	
Relator-Parcial: Hugo Leal (PROS/RJ)	
TITULARES	**SUPLENTES**
PT	
Padre João (PT/MG)	Assis do Couto (PT/PR)
Paulo Teixeira (PT/SP)	Francisco Praciano (PT/AM)
Ricardo Berzoini (*) (PT/SP) *	Odair Cunha (*) (PT/MG) *
Vanderlei Siraque (PT/SP)	Vicente Candido (PT/SP)
PMDB	
Eduardo Cunha (PMDB/RJ)	Danilo Forte (PMDB/CE)
Fábio Trad (PMDB/MS)	Fernando Zachia (PMDB/RS)
(Deputado do SD ocupa a vaga)	Júnior Coimbra (PMDB/TO)
1 vaga	Sandro Mabel (PMDB/GO **vaga do PR (Deputado do SD ocupa a vaga)**
PSDB	
Bonifácio de Andrada (PSDB/MG)	Alfredo Kaefer (PSDB/PR)
Luiz Carlos (PSDB/AP)	Nelson Marchezan Junior (PSDB/RS)
1 vaga	Paulo Abi-ackel (PSDB/MG)

PP	
Esperidião Amin (PP/SC)	Roberto Teixeira (PP/PE)
Jerônimo Goergen (PP/RS)	Vilson Covatti (PP/RS)
DEM	
Efraim Filho (DEM/PB)	Abelardo Lupion (DEM/PR)
Felipe Maia (DEM/RN)	**(Deputado do SD ocupa a vaga)**
PR	
(Deputado do PROS ocupa a vaga)	Anthony Garotinho (PR/RJ)
(Deputado do PROS ocupa a vaga)	**(Deputado do PMDB ocupa a vaga)**
PSB	
(Deputado do PROS ocupa a vaga)	Gonzaga Patriota (PSB/PE)
1 vaga	**(Deputado do PROS ocupa a vaga)**
PDT	
(Deputado do PROS ocupa a vaga)	**(Deputado do SD ocupa a vaga)**
Bloco PV, PPS	
Sarney Filho (PV/MA)	**(Deputado do PSD ocupa a vaga)**
PTB	
Paes Landim (PTB/PI)	Arnaldo Faria de Sá (PTB/SP)

PSC	
(Deputado do PROS ocupa a vaga)	**(Deputado do PSD ocupa a vaga)**
PCdoB	
Delegado Protógenes (PCdoB/SP)	**(Deputado do SD ocupa a vaga)**
PRB	
Antonio Bulhões (PRB/SP)	Márcio Marinho (PRB/BA)
PHS	
(Deputado do PSD ocupa a vaga)	**(Deputado do PSD ocupa a vaga)**
PSD	
Arolde de Oliveira (PSD/RJ) **– vaga do PHS**	João Humberto PSD/MG **– vaga do PHS**
	Moreira Mendes (PSD/RO) **– vaga do Bloco PV, PPS**
	Onofre Santo Agostini (PSD/SC) **– vaga do PSC**
PROS	
Hugo Leal (PROS/RJ) **– vaga do PSC**	Edson Silva (PROS/CE) (Gab. 921-IV) **– a vaga do PSB**
Miro Teixeira (PROS/RJ) **– vaga do PDT**	
Ronaldo Fonseca (PROS/DF) **– vaga do PR**	
Valtenir Pereira (PROS/MT) **– vaga do PSB**	
Vicente Arruda (PROS/CE) **– vaga do PR**	

SD	
Arthur Oliveira Maia (SD/BA) **– vaga do PMDB**	
	Augusto Coutinho (SD/PE) **– vaga do DEM**
	Benjamin Maranhão (SD/PB) **– vaga do PMDB**
	Dr. Grilo (SD/MG) **– vaga do PCdoB**
	Sebastião Bala Rocha (SD/AP) **– vaga do PDT**

(*) = deputado(a) não está no exercício do mandato.
Fonte: Câmara dos Deputados, 2011.[95]

O objetivo da Comissão Especial[96] consistia em elaborar parecer em relação ao Projeto de Lei n. 8.046, de 2010, e os demais que tratassem do Código de Processo Civil. É importante destacar, neste ponto, que, tendo em vista requerimento de apensamento de todos os projetos em tramitação na Câmara referentes a alterações do Código de Processo Civil, diversos projetos passaram a tramitar em conjunto, dentre eles o PL 6.025/2005, de autoria do Senado Federal e o mais antigo a tramitar na Câmara dos Deputados. Desse modo, de acordo com o artigo 143 do RICD, o PL 6.025/2005 passou a ser considerado o principal e, todos os demais projetos, incluindo o PL 8.046/10, passaram a tramitar apensados a ele. No entanto, em 26 de abril de 2014, por decisão da Presidência da Câmara dos Deputados, a redação do PL 8.046/2010 foi adotada, ficando prejudicado o PL 6.025/2005.

Tendo em vista a complexidade do projeto de lei, a Comissão Especial foi dividida em subcomissões com relatores parciais designados para cada uma delas: Parte Geral (Deputado Efraim Filho – DEM/PB); Processo de Conhecimento (Jerônimo Georgen – PP/RS); Procedimentos Especiais (Bonifácio de

[95] Disponível em: http://www2.camara.leg.br/atividade-legislativa/comissoes/comissoes-temporarias/especiais/54a-legislatura/8046-10-codigo-de-processo-civil/conheca-a-comissao/membros Acesso em: 28 ago. 2018.

[96] De acordo com o descrito no *site* da Câmara dos Deputados, o objetivo da Comissão Especial incluía: "ouvir todos os segmentos interessados para entregar à sociedade um Código que seja um moderno instrumento de aplicação do Direito". Disponível em: http://www2.camara.leg.br/atividade-legislativa/comissoes/comissoes-temporarias/especiais/54a-legislatura/8046-10-codigo-de-processo-civil/conheca-a-comissao/apresentacao. Acesso em: 27 ago. 2018.

Andrada – PSDB/MG); Execução (Arnaldo Faria de Sá – PTB/SP) e Recursos (Hugo Leal – PROS/RJ).

Durante a tramitação na Câmara dos Deputados, foram realizadas 15 audiências públicas e 13 conferências estaduais, além de ter sido aberto espaço na internet para que qualquer cidadão fizesse recomendações.[97]

Após 900 emendas e 7 vetos, em 17 de dezembro de 2014, o Senado Federal aprovou o novo CPC, seguindo o texto para a sanção da presidente Dilma Rousseff, o que foi feito em 16 de março de 2015. As leis do novo Código começaram a vigorar no dia 18 de março de 2016.

3.2.1. A Comissão de Juristas do Senado Federal

A Comissão de Juristas do Senado Federal contou com a participação de 12 membros. Seus nomes e suas trajetórias acadêmicas e profissionais estão descritas no Quadro 2, a seguir.

Quadro 2 – Membros da Comissão de Juristas do Senado Federal

Nome	Trajetória Acadêmica	Trajetória Profissional	Participação em reformas legislativas anteriores	Membro do IBDP
Luiz Fux	Bacharel (1976), doutor (2009) e livre-docente (1999) pela Universidade Estadual do Rio de Janeiro (Uerj); professor livre-docente e titular, e chefe do Departamento de Direito Processual da Uerj; professor da Pontifícia Universidade Católica do Rio de Janeiro (PUC-Rio)	Juiz de direito; ministro do STJ; ministro do STF.	Membro da Comissão estadual legislativa que instituiu juizados especiais no Rio de Janeiro	Não informado

[97] Eram permitidos a participação e o acompanhamento de eventos e reuniões promovidos pela Comissão, como também por meio da Comunidade Virtual do CPC, no portal da Câmara dos Deputados, pelo endereço: www.edemocracia.camara.gov.br.

Tereza Arruda Alvim Wambier	Bacharel (1980), mestre (1985), doutora (1990) e livre-docente (2004) pela Pontifícia Universidade Católica de São Paulo (PUC-SP); professora da PUC-SP, da Pontifícia Universidade Católica do Paraná (PUC-PR), da Universidade Paranaense (Unipar), Universidade Tuiuti do Paraná (UTP) e das Faculdades Integradas de Curitiba (Unicuritiba)	Advogada; consultora jurídica.	Não informado	Sim
Adroaldo Furtado Fabrício	Bacharel (1957), doutor e livre-docente (1977) pela Universidade Federal do Rio Grande do Sul (UFRGS); professor titular da UFRGS	Juiz de direito; desembargador do Tribunal de Justiça do Rio Grande do Sul; advogado	Não informado	Sim
Benedito Pereira Cerezzo Filho	Bacharel (1994) pela Faculdade de Direito de Marília, mestre (1999) e doutor (2002) pela Universidade Federal do Paraná (UFPR). Professor da Faculdade de Direito de Ribeirão Preto da USP, da Universidade Estadual Norte do Paraná (UENP), do Instituto de Ensino Superior de Brasília (IESB), das Faculdades Adamantinenses Integradas (FAI) e da Fundação Eurípides Soares da Rocha	Advogado	Não informado	Não informado

Bruno Dantas	Bacharel (2002) pela Universidade Católica de Brasília (UCB), mestre (2007) e doutor (2013) pela PUC-SP; professor do Instituto Brasiliense de Direito Público (IDP)	Advogado; consultor legislativo do Senado Federal; membro do CNJ e do Ministério Público	Coordenador da assessoria técnica da Comissão Mista Especial do Congresso Nacional para a Reforma do Judiciário	Não informado
Elpídio Donizetti Nunes	Bacharel (1984) e mestre (2002) pela Pontifícia Universidade Católica de Minas Gerais (PUC-MG); professor da Universidade Federal de Minas Gerais (UFMG), da Universidade Federal de Uberaba (UFU), da PUC-MG, da Universidade do Oeste de Santa Catarina (Unoesc) e do Centro Universitário Newton Paiva	Promotor de justiça; juiz de direito; desembargador; advogado	Não informado	Não informado
Humberto Theodoro Júnior	Bacharel (1961) pela Faculdade do Triângulo Mineiro (FTM), doutor (1987) pela UFMG; professor da UFMG	Juiz de direito; desembargador; advogado	Não informado	Sim
Jansen Fialho de Almeida	Bacharelado e outras titulações não informados. Professor da Universidade Paulista (Unip), do Centro Universitário do Distrito Federal (UDF) e da Universidade Gama Filho (UGF)	Advogado; procurador do Distrito Federal; juiz de direito	Não informado	Não informado

José Miguel Garcia Medina	Bacharel (1994) pela Universidade Estadual de Maringá (UEM), mestre (1997) e doutor (2001) pela PUC-PR. Professor da UEM e da Unipar	Advogado	Não informado	Sim
José Roberto dos Santos Bedaque	Bacharel (1977) pela Universidade de Taubaté (Unitau), mestre (1989), doutor (1994) e livre-docente (1998) pela FDUSP. Professor titular da USP	Não informado	Não informado	Sim
Marcus Vinícius Furtado Coelho	Bacharel (1993) pela Universidade Federal do Piauí (UFPI)	Advogado; procurador geral do estado do Piauí	Não informado	Não informado
Paulo Cezar Pinheiro Carneiro	Bacharel (1972) e doutor (data não informada) pela Uerj; professor da Uerj	Procurador do Estado do Rio de Janeiro; advogado	Não informado	

Fonte: Almeida (2015).

A importância de analisar a trajetória dos membros da Comissão de Juristas do Senado Federal reside no fato de que foram esses indivíduos que redigiram o texto base do Código de Processo Civil de 2015. As inovações trazidas por esses atores foram submetidas ao crivo dos Senadores Federais, da Câmara dos Deputados, de audiências públicas, do veto presidencial, entre outros filtros, mas a base do texto é elaborada no âmbito da Comissão de Juristas do Senado Federal.

O Brasil tem optado por um formato de reforma da justiça calcado na formação de comissões responsáveis pela elaboração de anteprojetos organizadas pelo Ministério da Justiça e pelo Congresso Nacional, o que aconteceu nas reformas legislativas referentes à Ação Civil Pública, o Código de Defesa do Consumidor, a Lei dos Juizados de Pequenas Causas, entre outras (PAULA, 2002, p. 37).

A participação de especialistas em comissões legislativas é uma prática tradicional do campo jurídico mesmo quando se trata de alteração legislativa de direito material. No entanto, quando falamos em direito processual há que prestar muita atenção às reformas, uma vez que são elas que alteram as regras relativas à organização da atividade jurisdicional do Estado e aos poderes dos grupos inseridos no campo jurídico (ALMEIDA, 2015, p. 216). É um ponto relevante para compreendermos a magnitude e a importância do CPC/2015 tendo em vista que a via processual foi eleita no Brasil como via de realização de reformas da administração da justiça estatal, em especial no período de redemocratização recente (PAULA, 2002).

Nesse formato de comissões formadas por especialistas no tema, a elite intelectual dentro do campo de direito processual consegue obter posições de relevância e liderança na estrutura estatal, garantindo acesso privilegiado aos processos políticos de reforma do sistema de justiça pela via processual por meio da mobilização de poder simbólico (capital político, acadêmico e profissional) (ALMEIDA, 2015, p. 216).

Frederico de Almeida afirma que a literatura não tem tratado esse grupo como atores políticos dos processos de reforma, tal como outros grupos (OAB, Ministério Público, etc.) (2015, p. 210-211). Tendo em vista este vácuo da produção acadêmica sobre o tema, realizou uma análise aprofundada da composição da Comissão de Juristas responsável pela elaboração do anteprojeto do Código de Processo Civil, que segue a mesma lógica apontada acima de formação de Comissão de Juristas notáveis para a elaboração do texto legislativo. Destaca, ainda, que um grupo específico de intelectuais conhecidos como "Escola Processual Paulista, alicerçado no Departamento de Direito Processual da Faculdade de Direito da Universidade de São Paulo (FDUSP) teria papel privilegiado na elaboração dessas inovações legislativas (2015, p. 216).[98]

A criação do Instituto Brasileiro de Direito Processual (IBDP) em 1958 constitui o marco de institucionalização da Escola Processual Paulista que, posteriormente, expandiu-se e ultrapassou os limites da FDUSP, alcançando

[98] A vinda do processualista Enrico Liebman para o Brasil é considerada o marco principal da criação da Escola Processual Paulista, grupo este que foi institucionalizado com a fundação do Instituto Brasileiro de Direito Processual em 1958 (ALMEIDA, 2015, p. 216).

outros estados e instituições de ensino. A Escola Processual Paulista pode ser identificada por alguns pressupostos metodológicos fundamentais compartilhados por seus integrantes, como: "a relação jurídica processual (distinta e independente da relação substancial, ou *res in judicium deducta*), autonomia da ação, instrumentalidade do direito processual, inaptidão do processo a criar direitos e, ultimamente em certa medida, a existência de uma teoria geral do processo" (CINTRA, GRINOVER e DINAMARCO, 2011, p. 124-125).[99]

Entre os 12 membros da Comissão de Juristas, seis informam nos currículos sua associação ao IBDP. No entanto, apenas quatro realizaram seus estudos de direito processual nos departamentos acadêmicos ligados à Escola Processual Paulista (FDUSP e PUC-SP). É possível observar, contudo, que alguns dos membros são egressos da Universidade do Estado do Rio de Janeiro (Uerj) – instituição a que pertenceu José Carlos Barbosa Moreira, membro honorário do IBDP – e da Universidade Federal do Rio Grande do Sul (Adroaldo Furtado Fabrício), que são desdobramentos da Escola Paulista (PAULA, 2002).

É curioso observar, ainda, a presença de Benedito Pereira Cerezzo Filho, egresso da Universidade Federal do Paraná (UFPR), instituição em que, segundo Paula (2002), estaria alicerçada a chamada "Escola Paranaense" do direito processual, organizada ao redor de pessoas como Moniz Aragão e Luiz Guilherme Marinoni[100] que, por sua vez, teve especial relevância na elaboração do Código no âmbito da Câmara dos Deputados.

Almeida identifica a juventude e a ausência de experiências anteriores em reformas legislativas da maior parte dos membros da Comissão como características marcantes do grupo. Além disso, observa que, apesar de possuírem títulos acadêmicos ("capital científico puro"), alguns dos membros não possuíam posições superiores na carreira acadêmica ("capital científico-institucional", entendido como prestígio e poder institucional no campo acadêmico) (ALMEIDA, 2015, p. 238). Outra observação interessante é a de que todos os membros da comissão são ou foram professores ao longo de sua vida profissional, mas nenhum deles se dedica integralmente à atividade.

[99] "A nova geração da escola abrange os estudos realizados por Teresa Alvim Wambier, Flávio Luis Yarshell, Kazuo Watanabe, Celso Neves, Vicente Greco Filho, Antônio Carlos Marcato, José Carlos Barbosa Moreira, entre outros" (PAULA, 2002, p. 356).

[100] Destaque-se que Luiz Guilherme Marinoni é membro do IBDP e foi orientado no mestrado e doutorado por Cerezzo Filho (ALMEIDA, 2015, p. 238).

Além da Comissão de Juristas, o Senado Federal contou com a assessoria de outros juristas que contribuíram com a elaboração e discussão do projeto. Valter Pereira, relator-geral do Projeto na Comissão Especial do Senado Federal, designou seu assessor jurídico, o advogado Luiz Henrique Volpe Camargo, para centralizar o recebimento de sugestões de aperfeiçoamento do projeto. Além dele, o senador contou com Athos Gusmão Carneiro, Cassio Scarpinella Bueno e Dorival Renato Pavan e outros conselheiros legislativos da casa.[101]

Além da participação dos integrantes da Comissão de Juristas do Senado Federal, outros indivíduos contribuíram para a elaboração do anteprojeto do Código, participando dos debates por meio de audiências públicas.[102] Apesar de a participação dos membros da Comissão de Juristas ser mais intensa, uma vez que foram os responsáveis pela elaboração e redação do texto do anteprojeto, enquanto nas audiências públicas a participação é pontual e limitada a poucos minutos de fala, não se pode excluir a importância das discussões travadas nesse espaço.

É necessário destacar, ainda, que a forma como são escolhidos os membros da Comissão de Juristas, bem como aqueles convidados a participar das audiências públicas, não é explicitada ao longo da elaboração do CPC/2015, apesar de sua influência ser relevante e dessa informação ser importante no sentido de mapear possíveis interesses políticos em sua nomeação.

3.2.2. A "Comissão de Juristas" da Câmara dos Deputados

A exemplo da Comissão de Juristas do Senado Federal, a Câmara dos Deputados iniciou os trabalhos com a intenção de nomear o que seria uma "Comissão de Juristas Notáveis" para oferecer suporte técnico à elaboração do texto do CPC/2015.[103] O Deputado Eduardo Cunha chegou a sugerir o nome de Luiz

[101] Valter Pereira afirma que o auxílio oferecido pelos juristas mencionados não teria qualquer ônus ao Senado Federal. Disponível em: https://legis.senado.leg.br/sdleg-getter/documento?dm=4550315&ts=1548960363383&disposition=inline. Acesso em: 5 maio 2018.

[102] O Apêndice C elenca quem foram os atores presentes em cada uma das audiências públicas realizadas no âmbito do Senado Federal.

[103] "**O SR. DEPUTADO EDUARDO CUNHA** – *Sr. Presidente, eu acho seria importante V.Exa. definir se nós, a exemplo do Senado, vamos constituir também uma comissão de notáveis para fazer um trabalho de assessoramento e acompanhamento.* Eu sugeriria que fizéssemos isso e já tomaria a

Fux para presidir essa Comissão, de maneira a otimizar os trabalhos. Nesse sentido, logo na 1ª Reunião[104] no âmbito da Câmara dos Deputados já é possível notar que alguns desses juristas já haviam sido contatados pelos deputados para colaborar com o código, por exemplo:

> **O SR. DEPUTADO JERÔNIMO GOERGEN** – O conhecimento que quero buscar vai ter o respaldo importante do grupo de juristas que provavelmente integrará esse grupo. Registro, por orientação do Governador Esperidião Amin, os nomes de João Henrique Blasi e Norberto Ungaretti, catarinenses. Para este momento, tenho contado com o apoio de Cláudio Lamachia, Presidente da OAB do Rio Grande do Sul; do Dr. Cláudio Cunha e, de maneira muito especial, do Dr. Daniel Mitidiero; de Carlos Alberto Álvaro de Oliveira; Guilherme Rizzo Amaral; Guilherme Nassim; Luiz Marinoni e Sérgio Arenhart. *Eles estarão ao nosso lado no Livro de que sou o Sub-Relator. Inclusive, recebam o livro que se encontra sobre a mesa. Foram eles os maiores incentivadores para que buscássemos esse espaço.*[105] (grifo nosso)

A sugestão de nomeação de uma comissão de juristas, contudo, sofreu resistência, sendo sugerido pela Deputada Sandra Rosado que os juristas notáveis fossem convidados a participar das audiências públicas, oferecendo seus comentários e suas sugestões ao Código, ao invés da formação e manutenção de uma comissão fixa.

liberdade de sugerir, até em função de otimização e ganho de etapas no conhecimento do projeto que saiu do Senado Federal, que convidássemos o próprio Ministro Luiz Fux para presidir essa comissão [...]". – Fala da 1ª reunião da Câmara dos Deputados no dia 31/08/2011 (grifo nosso).

104 Disponível em: http://www2.camara.leg.br/atividade-legislativa/comissoes/comissoes-temporarias/especiais/54a-legislatura/8046-10-codigo-de-processo-civil/documentos/controle-tramitacao-e-notas-taquigraficas/nt-31.08.11-cpc. Acesso em: 19 jan. 2019.

105 O *site* Migalhas publicou reportagem afirmando que o referido Deputado Federal teria nomeado os integrantes da Consultoria Especial de Juristas responsável por assessorá-lo ao longo da revisão e elaboração de propostas sobre o Código. Disponível em: https://www.migalhas.com.br/Quentes/17,MI143034,11049-Nomeados+integrantes+da+Consultoria+Especial+de+Juristas+que+analisa. Acesso em: 10 fev 2019.

> **A SRA. DEPUTADA SANDRA ROSADO** – *Uma sugestão: em vez de criar essa comissão, por que não os convidamos para que façam parte de audiências aqui? Porque eu acho que toma muito o tempo deles também. Eles têm seus compromissos.* [...]. *Exatamente. Eu acho que nós deveríamos fazer o convite para que eles participassem das nossas audiências.* (grifo nosso)

A realidade é que, diante da ausência de nomeações específicas, identificar quem foram esses juristas que participaram da elaboração do código na Câmara dos Deputados se tornou um exercício mais complicado. No parecer elaborado pela Câmara dos Deputados é possível obter uma pista de quem foram os principais atores nesse sentido. Nos agradecimentos, o relator-geral menciona especificamente os juristas abaixo descritos:

> Juristas que estiveram ao meu lado me ajudando a formatar todas as contribuições que recolhi pelo Brasil: Arruda Alvim, Luiz Henrique Volpe Camargo, Paulo Henrique dos Santos Lucon, Dorival Pavan, Sérgio Muritiba, Leonardo Carneiro da Cunha, Rinaldo Mouzalas, Daniel Mitidiero, Alexandre Câmara e Fredie Didier, a quem dedico especial agradecimento por ter me servido como fio condutor nesta Comissão e guardião do meu relatório, inúmeras vezes modificado por conta da peregrinação feita por todo o País.

É possível, ainda, observar que os juristas acima citados foram reiteradamente convidados para as audiências públicas realizadas na Câmara dos Deputados. Fredie Didier Jr., que é apontado como "fio condutor" da Comissão, esteve presente como convidado em diversas delas, juntamente com Leonardo Carneiro da Cunha, conforme é possível observar na tabela do Apêndice I. Fredie Didier,[106] em entrevista à *ConJur*, chega a ser identificado como "membro da comissão" da Câmara dos Deputados:

[106] Fredie Didier Jr. formou-se em Direito na Universidade Federal da Bahia (UFBA), instituição pela qual também se tornou mestre em Direito. Doutor pela Pontifícia Universidade Católica de São Paulo (PUC-SP), é advogado e professor da UFBA, além de membro do Instituto Brasileiro de Direito Processual. Disponível em: http://buscatextual.cnpq.br/buscatextual/busca.do. Acesso em: 3 fev. 2019.

> *Embora seja membro da comissão formada para reformar o novo Código de Processo Civil na Câmara dos Deputados*, o advogado e professor baiano Fredie Souza Didier Junior [...] não concorda que o novo CPC seja uma mera revisão do Código de 1973, ainda em vigor. "Quem examinar o texto verá que isso não é verdade".[107] (grifo nosso)

A proximidade de Fredie Didier Jr. com Sérgio Barradas, relator-geral do projeto, chegou a ser criticada por Ada Pellegrini Grinover também em entrevista à *ConJur*. Nesta ocasião, a processualista afirma que o substitutivo da Câmara dos Deputados teria sido redigido por uma só pessoa, no caso, o professor baiano:

> Sérgio Barradas, relator da comissão, que está revendo o projeto de lei na Câmara, é suplente de deputado. Ele já teve de sair do cargo uma vez porque o titular reassumiu a função. Nessa época, ele foi substituído pelo Paulo Teixeira, os dois do PT. O Paulo Teixeira deu uma abertura maior do que o Barradas. Ele ouviu mais especialistas, fez mais audiências públicas. Agora, o Barradas reassumiu, e ele está ligado a um professor de Processo Civil da Bahia, muito bem qualificado, mas que, infelizmente, não consegue trabalhar em equipe. Então, na verdade, o primeiro trabalho que traz o nome do Barradas é um projeto feito por uma só pessoa. [...] Houve uma gritaria muito grande dos especialistas. Nós fizemos uma reunião, convocada pelo Barradas e pelo vice relator Paulo Teixeira, em Brasília, e conseguimos corrigir alguns defeitos que tínhamos apontado. Mas não corrigimos tudo. Em parte porque não deu tempo, em parte por causa desse professor fez a redação final — muito personalista. Agora, o relatório final do Barradas foi apresentado, mas não está bom.[108]

A fala de Ada Pellegrini durante a entrevista revela claro descontentamento da processualista com o encaminhamento do Código na Câmara dos

[107] Disponível em: https://www.conjur.com.br/2014-jul-02/entrevista-fredie-didier-membro-comissao-reforma-cpc. Acesso em: 12 jan. 2019.

[108] Disponível em: https://www.conjur.com.br/2012-out-21/entrevista-ada-pellegrini-grinover-processualista. Acesso em: 12 jan. 2019.

Deputados, atribuindo à relatoria de Sérgio Barradas e à influência exercida por Fredie Didier Jr. o que considera como equívocos presentes no texto legislativo.

Conforme afirmado anteriormente, a ausência de nomeação de comissão específica de especialistas responsáveis por analisar o anteprojeto do CPC/2015 na Câmara dos Deputados dificulta a identificação de quem foram os participantes mais relevantes e em que momentos foram mais ativos. A atuação desses especialistas se deu de maneira quase que informal e não relatada nos documentos oficiais, dificultando seu mapeamento. Trata-se de um importante achado de pesquisa que aponta a obscuridade da participação desses atores no processo legislativo que, apesar de sua enorme importância e relevância, não fica devidamente registrada.

3.3. Acesso à Justiça

Compreender como se deu a reforma do CPC/2015 a fim de responder à pergunta da presente pesquisa exige, necessariamente, que abordemos o que se entendeu e discutiu sobre acesso à justiça durante os debates legislativos. Buscamos, portanto, identificar em que momentos da elaboração do CPC/2015 a temática do acesso à justiça foi discutida e sob que aspectos.

Conforme observado, o conceito de acesso à justiça ganhou significado polissêmico ao longo das décadas. Identificar qual a concepção que regeu a elaboração do CPC/2015 nos ajuda a compreender quais foram as premissas adotadas para a tomada de decisões para o tratamento da litigiosidade repetitiva.

O primeiro traço marcante em relação ao tema na elaboração do CPC/2015 está relacionado ao fato de que a ampliação do acesso à justiça é encarada em muitos momentos como responsável pela crise do Judiciário. A ideia de que as reformas realizadas durante o período de redemocratização acompanhadas das mudanças sociais brasileiras seriam responsáveis pelo aumento no número de processos submetidos à apreciação jurisdicional. Nesse sentido, o Parecer elaborado pela Câmara dos Deputados sobre o projeto de lei 8.046/2010:

> O acesso à justiça foi muito facilitado nos últimos anos; o progresso econômico, com a incorporação de uma massa de consumidores, antes

alheia à economia, repercutiu diretamente no exercício da função jurisdicional, com um aumento exponencial do número de processos em tramitação.[109]

Durante os debates, tanto na Câmara dos Deputados como no Senado Federal, é possível identificar, ainda, certa tendência a considerar a sociedade brasileira "beligerante". Nesse sentido, de acordo com notícia publicada no *site* da Câmara dos Deputados:

> Fux afirmou que a Justiça tem que se tornar efetiva e não apenas uma promessa no papel, e que isso não é possível sem a duração razoável do processo. *O ministro disse que a cultura do brasileiro é extremamente beligerante, citando, como exemplo, que há 1 milhão de ações de poupadores na Justiça, que vão se transformar em 1 milhão de recursos.*[110] (grifo nosso)

Outro exemplo claro consiste na fala de Luiz Fux durante a 5ª audiência pública do Senado Federal:

> Se, em 2009, um congresso, 23° Congresso Pan-Americano, composto por juristas arejados da nossa época, chegam à conclusão de que nós temos um excesso de demandas, que há uma litigiosidade desenfreada desde a década de 60, que há um volume absolutamente razoável e insuportável nas nossas cortes superiores, sem paradigma do Direito estrangeiro.[111]

E ainda, a fala de Elpídio Donizetti durante a 1ª audiência pública do Senado Federal: "[...] toda a população acorre ao Poder Judiciário, dá a impressão

[109] Disponível em: http://www2.camara.leg.br/atividade-legislativa/comissoes/comissoes-temporarias/especiais/54a-legislatura/8046-10-codigo-de-processo-civil/proposicao/pareceres-e-relatorios/substitutivo-comissao-oficial. Acesso em: 26 out. 2017.

[110] Disponível em: http://www2.camara.leg.br/camaranoticias/noticias/DIREITO-E-JUSTICA/201355-MARCO-MAIA-INSTALA-COMISSAO-DO-CODIGO-DE-PROCESSO-CIVIL-E-PROMETE-AMPLO-DEBATE.html. Acesso em: 7 jul. 2018.

[111] Disponível em: https://legis.senado.leg.br/diarios/BuscaDiario?codDiario=529#diario. Acesso em: 15 jul. 2018.

que de fato é a última trincheira de defesa dos direitos. Vão a Judiciário por tudo. Hoje há uma litigiosidade aberta".[112]

Repete-se diversas vezes essa ideia de que a sociedade brasileira litiga em demasia e que a ampliação do acesso à justiça teria sido responsável pela superlotação dos tribunais e pela morosidade do Judiciário. No entanto, o que se infere dos dados estatísticos apresentados nos dois primeiros capítulos deste trabalho é que apenas uma parcela da sociedade é responsável pela grande maioria dos processos hoje em andamento no Judiciário. Ou seja, o diagnóstico trazido durante a elaboração do CPC/2015 no que tange ao aumento da litigiosidade é impreciso ao apontar que o problema seria uma alta litigiosidade por *toda* a população, pois desconsidera quem são os atores envolvidos nas disputas e quem é, de fato, responsável pela suposta "litigiosidade desenfreada".

O grande problema dessa imprecisão de diagnóstico é de que ela leva à falsa impressão de que, porque a sociedade brasileira seria "beligerante" e porque houve um aumento de processos ajuizados nos últimos anos, o acesso ao Judiciário seria uma questão superada. Ou seja, o aumento da litigiosidade simbolizaria, automaticamente, a melhora do acesso às cortes para a população como um todo que, no entanto, estaria usando em demasia o Judiciário.

Apesar da percepção unânime em relação ao aumento do número de processos, da superlotação do Judiciário e da sua morosidade, o entendimento de quem é responsável por essa "explosão de litigiosidade" não é tão preciso. Nesse sentido, durante a 1ª audiência pública[113] do Senado Federal é possível identificar:

> **SR. LUIZ CLÁUDIO DA SILVA CHAVES**: Mas o que nós vemos é ao contrário, que a cada ano existe uma explosão de ações, um número maior de demandas, o que de um lado é bom, porque o brasileiro está encontrando acesso à Justiça, mas que nos preocupa em relação ao resultado final, que é a efetividade.

112 Disponível em: https://legis.senado.leg.br/diarios/BuscaDiario?codDiario=588#diario. Acesso em: 28 jul. 2018.

113 Disponível em: https://legis.senado.leg.br/diarios/BuscaDiario?codDiario=588#diario. Acesso em: 12 jul. 2018.

E ainda:

> **SR. LEONARDO JOSÉ CARNEIRO DA CUNHA:** A análise que fiz do relatório e da opinião de vários professores já manifestada, revela que a principal preocupação da comissão está com o congestionamento das vias judiciais. Hoje é induvidoso que o Judiciário está congestionado de demandas. Isso é fruto do amplo acesso à justiça e da inclusão social que tem havido ao longo dos anos.

É possível identificar nos debates alguns momentos em que esse diagnóstico do aumento da litigiosidade é colocado em discussão. Na 1ª Reunião da Comissão de Juristas do Senado Federal,[114] houve um debate travado entre Luiz Fux, presidente da Comissão de Juristas do Senado Federal, e Elpídio Donizetti, que trouxe a possibilidade de criação de filtros para o uso do Judiciário, justamente para inibir a sua utilização predatória por parte de atores específicos:

> **SR. ELPÍDIO DONIZETTI:** "[...] Mas eu estou propondo que preveja no Código, genericamente, um certo condicionamento para ir a Juízo, uma certa limitação a acesso à justiça. Uma interpretação no Código de processo, na parte geral daquela cláusula segundo a qual nenhuma lesão pode ser subtraída da apreciação do Poder Judiciário. [...] Por que não compelir – e não sei se o Código de Processo Civil seria o lugar – a pessoa ter que resolver isso lá no conselho, numa agência reguladora ou coisa que o valha dos bancos. Por que não esgotar as vias administrativas num prazo adequado – senão eles serão punidos também, e eu me refiro à administração pública [...]".
>
> **SR. LUIZ FUX:** "*Eu entendo o seguinte: uma limitação do acesso à justiça seria muito mal vista aí fora.* Isso é uma inovação extremamente, flagrantemente antipática. O Supremo vai adorar porque ele vai dar uma canetada de uma vez só. Mas, por outro lado, a sua ideia, ela bate,

[114] Disponível em: https://legis.senado.leg.br/diarios/BuscaDiario?codDiario=11#diario. Acesso em: 5 maio 2018.

> por exemplo, com a minha, que é de ampliar a legitimação do ministério Público, e bate com a minha que, nesses litígios de massa, a regra não pode ser legitimação individual, a regra tem que ser a legitimação coletiva. E aí você amplia a legitimação do Ministério Público e, ao mesmo tempo, proíbe a demanda individual—". (grifo nosso)
>
> **SR. ELPÍDIO**: "Só a palavra que é inadequada. Limitação do acesso à justiça. Na verdade a interpretação dessa cláusula, que nenhuma lesão... não houve lesão se ele não recorreu ao banco. O judiciário não é lugar..."
>
> [...]
>
> **ORADOR NÃO IDENTIFICADO:** Mas eu insistiria, Presidente, nessa questão, não de limitação do acesso à justiça, mas de insistir que o judiciário vai atuar quando houver lesão ou ameaça de lesão. O judiciário, paradoxalmente, que dizem que é tão moroso, não poderá continuar a deferir ou indeferir petições. *Todas elas vão direto ao judiciário: resolver todos os problemas de banco, companhia telefônica, energia elétrica. Ninguém faz nada, vai tudo para o judiciário.* (grifo nosso)

A ideia defendida por Elpídio Donizetti parece dialogar com a concepção de acesso à justiça que se preocupa com quem acessa, de fato, o Judiciário. Elpídio Donizetti aponta em sua fala os atores que mais litigam no Brasil e indica a necessidade de criar algum tipo de limitação do uso do Judiciário por eles. No entanto, sua proposição sofre resistência dentro da Comissão na medida em que parece ser uma medida de pouca popularidade a restrição do uso do Judiciário. Em relação aos atores mencionados por Elpídio Donizetti, outro membro da Comissão afirma que esses casos seriam solucionados pelo IRDR, de modo que não haveria razão para interromper o litígio na entrada do Judiciário por meio de filtros de acesso.

Elpídio Donizetti ainda traz essa questão em seu discurso inicial de abertura da 1ª audiência pública do Senado Federal:[115]

> E fico a me indagar: não seria a hora, Sr. Ministro, de rever e dar uma interpretação construtiva ao disposto no art. 5º, inciso XXXV da Constituição Federal, segundo o qual nenhuma lesão de direito pode ser subtraída da apreciação do Poder Judiciário? Eu vejo no Tribunal de Justiça, ao qual orgulhosamente me integro, as pessoas recorrendo à Jurisdição para obter um extrato de banco. Converso com colegas da Justiça Federal e a reclamação é a mesma, lá vão para buscar uma aposentadoria. *Não seria hora de condicionar, isso sem dúvida não seria inconstitucional, de condicionar a ida ao Judiciário, ao esgotamento de determinadas instâncias administrativas?* Seria o Poder Judiciário responsável pela emissão de extratos? (grifo nosso)

Em outro momento, durante a 2ª Reunião da Comissão Especial do Senado Federal,[116] o Senador Valter Pereira (PMDB/MS) expõe sobre os obstáculos a melhor distribuição da justiça:

> A proposta submetida à apreciação da Comissão Especial e do Senado, como todo, que hoje é um projeto de lei de autoria do Senado, subscrito pelo Presidente José Sarney, ataca muitos males que têm dificultado a distribuição da justiça. Ataca, por exemplo, o excessivo formalismo e a avalanche de recursos que propiciam um retardamento muito grande da solução dos conflitos. E abraçou, também, um viés que é de grande significação, que é no sentido de estimular a conciliação e a mediação. Portanto, não só estamos enfocando a questão dos conflitos como, sobretudo, incentivando, também, uma redução da litigiosidade. Existe um mecanismo que veio do direito alemão, que é o chamado incidente de causas repetitivas, que vai, sem dúvida alguma, desobstruir a Pauta do Judiciário, e vai garantir que aquele jurisdicionado que necessita

[115] Disponível em: https://legis.senado.leg.br/diarios/BuscaDiario?codDiario=588#diario. Acesso em: 12 jul. 2018.

[116] Disponível em: https://legis.senado.leg.br/diarios/BuscaDiario?codDiario=2971#diario/. Acesso em: 5 out. 2018.

> de uma prestação de um serviço jurisdicional mais e eficaz tenha a perspectiva de alcançar os resultados, circunstância que, hoje, com as normas vigentes e com a excessiva demanda de processos, é quase que impossível.[117]

Observando a fala do Senador é possível verificar que os principais problemas identificados em relação à distribuição da justiça referem-se à falta de celeridade, causada pelo excesso de formalismo e de recursos, bem como a "excessiva demanda de processos". Ou seja, obstáculos como a distância geográfica, falta de informação ou falta de recursos financeiros não chegam a ser mencionados como problemas a serem enfrentados para promoção de acesso à justiça.

Destaque-se que não foi possível identificar mais nenhum momento durante a elaboração do Código em que se tenha debatido com profundidade a questão da desigualdade de acesso à justiça. Os debates sobre o tema acontecem de forma incidental, quando são discutidos alguns assuntos como: gratuidade da justiça, sucumbência, redução do rol de recursos, entre outros. O acesso à justiça não é uma preocupação direta durante a elaboração do Código, mas sim indireta e secundária que, em geral, surge quando da discussão em relação à ponderação entre celeridade do processo e manutenção de direitos e garantias dos jurisdicionados. Alguns exemplos das discussões:

> **SR. HUMBERTO THEODORO JÚNIOR**: Eu acho que multa tem que ser tratada com certa cautela, para não transformar a multa num instrumento de inviabilização do acesso à Justiça, porque onera demais.[118]

E, ainda:

> **SR. RODRIGO PEREIRA MARTINS RIBEIRO**: Eu vejo aqui que talvez haja uma perda de foco muito grande quando você tem questões

[117] Disponível em: https://legis.senado.leg.br/diarios/BuscaDiario?codDiario=2971#diario. Acesso em: 4 jan. 2019.

[118] 12ª Reunião da Comissão de Juristas do Senado Federal. Disponível em: https://legis.senado.leg.br/diarios/BuscaDiario?codDiario=588#diario. Acesso em: 8 ago. 2018.

> que ainda estão abertas na jurisprudência, você penalizar a parte com uma nova verba sucubencial (*sic*) você acaba vedando o acesso à Justiça ao cidadão e ao titular do bom direito.[119]

É válido ressaltar a preocupação em relação à gratuidade da justiça e o reconhecimento dos membros da necessidade de refinamento da sua previsão no ordenamento jurídico. Surgem diversas sugestões em relação ao tema inclusive a ideia de criação de critérios mais objetivos para concessão do benefício uma vez que, na visão dos membros participantes da elaboração do código, muitos abusos seriam cometidos quando da solicitação de gratuidade.

Outro ponto relevante a ser notado é que as discussões relativas ao acesso à justiça, em diversos momentos, partiam da lógica de afastamento do Judiciário. Tendo em vista sua superlotação, uma medida defendida por participantes da elaboração do Código seria o estímulo e aperfeiçoamento do uso de outros métodos de solução de conflitos. No entanto, na maior parte das vezes em que o tema é abordado a preocupação não seria com uma forma de garantir a solução mais adequada ao conflito, mas sim como mais uma maneira de desafogar o Judiciário. Nesse sentido, as falas de Teresa Arruda Alvim Wambier na 1ª reunião da Comissão de Juristas do Senado Federal:[120]

> **SRA. TERESA ARRUDA ALVIM WAMBIER:** Então, eu só gostaria de fazer um apelo que a gente pensasse com mais intensidade numa forma eficiente de incentivar meios alternativos de resolução de conflitos. Já conversei com a professora Ada, com quem gosta desses temas. Eu estive na Inglaterra, ano passado, três meses estudando isso, tenho minha contribuição a dar... Enfim, arbitragem, mediação, conciliação... *Isso tudo tem que aparecer no Código diversas vezes para ver se a gente consegue, de certo modo, fazer um Código educativo e mudar a cultura da sentença para a cultura da solução do litígio, não necessariamente através de uma... de uma sentença.* (1ª reunião da Comissão de Juristas do Senado Federal, grifo nosso)

119 4ª Audiência Pública do Senado Federal. Disponível em: https://legis.senado.leg.br/diarios/BuscaDiario?codDiario=588#diario. Acesso em: 19 mar. 2020.

120 Disponível em: https://legis.senado.leg.br/diarios/BuscaDiario?codDiario=11#diario. Acesso em: 4 maio 2018.

E, ainda, é possível identificar que a justificativa para o estímulo ao uso desses mecanismos seria, justamente, garantir um filtro de acesso ao Judiciário, criando-se uma válvula de escape de conflitos externa ao Judiciário:[121]

> **SRA. TERESA ARRUDA ALVIM WAMBIER**: E, por último, eu gostaria de dizer só o seguinte: pelos *e-mails* que nós trocamos e pelas sugestões que vocês mandaram, e eu li todas com muita atenção e com muito carinho, eu senti que realmente a ordem é que a gente, de certo modo, restrinja um pouco o acesso ao judiciário. Na verdade, tendo em vista o valor maior, que é o judiciário poder trabalhar com mais tranquilidade e trabalhar, portanto, melhor.

A ideia de universalização do acesso, como é possível observar, é deixada de lado sendo substituída por uma noção de restrição do acesso à justiça. No entanto, essa restrição não é pensada de forma a garantir a distribuição da justiça, mas sim de forma genérica, delegando a outras instâncias a resolução dos conflitos. O incremento de métodos adequados de solução de conflitos seria mais uma forma de garantir a almejada celeridade do processo, por meio do desafogamento do Judiciário.

A realidade é que, ao que parece, o principal obstáculo identificado para o acesso à justiça seria a morosidade do processo, problema que seria combatido, entre outras coisas, a partir da redução da litigiosidade. Luiz Fux chega a ressaltar que o Projeto Florença foi utilizado como base para pensar o CPC/2015, elencando obstáculos identificados pelo projeto em relação à promoção de acesso à justiça. No entanto, o ministro foca seu interesse apenas no obstáculo oferecido pela morosidade do processo. Em suas palavras, durante a 2ª reunião da Comissão Especial do Senado Federal:

[121] O mesmo é observado em diversas falas ao longo da elaboração do CPC, em que os métodos adequados de solução de conflitos são mencionados em um contexto de contenção da "litigiosidade excessiva". Nesse sentido, um exemplo seria a fala do Senador Valter Pereira (PMDB/MS) na 2ª reunião da Comissão Especial do Senado Federal: "E abraçou, também, um viés que é de grande significação, que é no sentido de estimular a conciliação e a mediação. Portanto, não só estamos enfocando a questão dos conflitos como, sobretudo, incentivando, também, uma redução da litigiosidade". Disponível em: https://legis.senado.leg.br/diarios/BuscaDiario?codDiario=2971#diario. Acesso em: 4 jan. 2019.

> Há muito anos, realizou-se em Florença um projeto muito exitoso, que era denominado Projeto de Acesso à Justiça para Todos e ficou denominado como Projeto de Florença, porque fora capitaneado pelo Professor Mauro Cappelletti, que era titular da Universidade de Roma, sucessor de Calamandrei, mas que fundara a Escola Processual de Florença [...]
>
> Pois bem, ele utilizou-se de alguns critérios que ele denominou de obstáculos de acesso à Justiça, e chegou à conclusão que, em todos os países do mundo, a Justiça era muito morosa, isso significava uma vedação ao acesso à Justiça, que as decisões judiciais não eram justas, que as pessoas não eram iguais, nem economicamente, nem tecnicamente, porque isso também é um grave defeito, uma luta desigual entre pessoas que têm conhecimento diferente. E nós fomos buscar, exatamente no modelo do Projeto Florença, o modelo do nosso anteprojeto do Código de Processo Civil. E fomos e detectar as barreiras que impediam que o processo judicial brasileiro tivesse uma duração razoável. E o que é uma duração razoável?

O que se verifica é que o acesso à justiça é encarado de uma forma diferente daquela em que foi pensado quando incluído no texto constitucional. Naquele momento o objetivo principal consistia na universalização do acesso à justiça, ampliando-se portas e retirando-se obstáculos para sua consubstanciação. O CPC/2015 parte de uma lógica distinta, identificando no excesso de litigiosidade e na morosidade o maior problema em relação ao acesso à justiça. Nesse sentido, busca acelerar o tempo do processo, incentivando o uso de vias extrajudiciais para solução de conflitos e a simplificação dos ritos processuais. A fala de Benedito Cerezzo durante a 4ª audiência pública do Senado Federal esclarece essa óptica:[122]

> **SR. BENEDITO CEREZZO PEREIRA FILHO**: Me parece que o acesso à Justiça, como foi aqui também levantado, evidentemente que

[122] Disponível em: https://legis.senado.leg.br/diarios/BuscaDiario?codDiario=588#diario. Acesso em: 12 out. 2018.

> é um valor que tem que ser prestigiado e considerado. Só que eu acho acredito que se chegou o momento também de se pensar, *a par do acesso à Justiça, do direito de saída da Justiça, eu acho que entrar na Justiça é um passo e sair também é um direito.* Tanto é assim que a constituição prevê a duração razoável do processo e acredito que temos que ter essa incumbência. (grifo nosso)

O discurso de Luiz Fux na abertura da 5ª audiência pública da Comissão de Juristas do Senado Federal[123] exemplifica como a celeridade pautou de forma nevrálgica a elaboração do anteprojeto e como a morosidade do Judiciário é encarada como a grande responsável pela falta de acesso à justiça no Brasil:

> [...] não obstante as inúmeras reformas, os notáveis instrumentos de que foram dotados o processo civil, nós ainda padecíamos do descumprimento da promessa de prestar justiça num prazo razoável, notadamente pelo volume das demandas e pelo volume dos recursos e pelo despreparo do Poder Judiciário para o enfrentamento dessas questões pontuais. [...] *um país que não se desincumbe, em um prazo razoável da prestação da Justiça, é um país que tem uma Justiça inacessível. Então esse, realmente, foi o grande desafio para a nossa comissão,* que assumimos esse desafio com amor à causa pública, e acima de tudo voltado para as necessidades e para a nossa realidade. (grifo nosso)

O que se verifica dos debates em relação ao acesso à justiça durante a elaboração do CPC/2015 diz respeito à perspectiva da "saída" do Judiciário e não da "chegada". Em outras palavras, a preocupação maior residia na concessão de maior celeridade e isonomia ao julgamento dos processos submetidos ao sistema de justiça brasileiro e não com os obstáculos que parte da população enfrenta para acessar as cortes ou talvez com o seu uso em demasia por atores específicos. A preocupação com quem acessa o Judiciário e como o faz é secundária na elaboração do CPC/2015. Esse enfoque pode ser resultado do diagnóstico de sociedade beligerante apontado mais acima. A falsa ideia

[123] Disponível em: https://legis.senado.leg.br/diarios/BuscaDiario?codDiario=529#diario. Acesso em: 12 out. 2018.

de que o acesso à justiça foi ampliado demais e que a sociedade brasileira tem, por consequência, litigado em demasia resulta em uma falta de preocupação dos legisladores com a remoção de obstáculos que ainda impedem parcelas da população de acessar à justiça e, ainda, baseou o estabelecimento de estratégias no sentido de extravasar o excesso de litígios do Judiciário por meio do estímulo à utilização de métodos extrajudiciais de solução de conflitos.

3.4. A celeridade e a segurança jurídica no CPC/2015

Conforme observado no item anterior, o que se verifica da análise dos dados é uma preocupação perene dos legisladores em relação à celeridade do processo. Em diversos momentos a celeridade surge como objetivo primordial a ser alcançado, o que teria motivado uma série de reformas no Código. O próprio texto do anteprojeto do Código aponta essa preocupação com a duração razoável do processo:[124]

> Assim, avançamos na reforma do Código do Processo Penal, que está em processo de votação, e iniciamos a preparação de um anteprojeto de reforma do Código do Processo Civil. São passos *fundamentais para a celeridade do Poder Judiciário, que atingem o cerne dos problemas processuais, e que possibilitarão uma Justiça mais rápida e, naturalmente, mais efetiva.* [...] A Comissão de Juristas encarregada de elaborar o anteprojeto de novo Código do Processo Civil, nomeada no final do mês de setembro de 2009 e presidida com brilho pelo Ministro Luiz Fux, do Superior Tribunal de Justiça, trabalhou arduamente para atender aos anseios dos cidadãos no sentido de garantir um novo Código de Processo Civil que privilegie *a simplicidade da linguagem e da ação processual, a celeridade do processo e a efetividade do resultado da ação, além do estímulo à inovação e à modernização de procedimentos, garantindo o respeito ao devido processo legal.* (grifo nosso)

[124] Disponível em: http://www2.senado.leg.br/bdsf/item/id/496296. Acesso em: 2 mar. 2017.

Já na primeira reunião da Comissão de Juristas do Senado Federal[125] a ideia de que a celeridade pautaria a reforma do Código está presente. Exemplo disso são as falas de Elpídio Donizetti e Luiz Fux, respectivamente:

> **SR. ELPÍDIO DONIZETTI**: *Eu acho que a linha dessa reforma será, assim, o tom: celeridade e efetividade.* E efetividade no sentido amplo, de respeitar o devido processo legal. Não vamos querer simplesmente tirar direitos das partes, dos advogados, acabar com recurso, que isso não vai resolver. (grifo nosso)

> **SR. PRESIDENTE MINISTRO LUIZ FUX:** Bom, então já chegamos à primeira conclusão, *o prazo célere como é o objetivo da Comissão, a ideologia da celeridade*, que vai ser votada agora, em primeiro lugar, a estrutura do novo processo, a estrutura de novo Código de Processo Civil. (grifo nosso)

E ainda, na abertura da 7ª audiência pública do Senado Federal,[126] o Ministro Fux insistiu:

> [...] verificar o que é que conduzia a esse grande obstáculo de prestação de uma Justiça célere e rápida, como promete a Constituição Federal. E, de certa forma, utilizando os métodos já usados por Cappeletti para distinguir os seus obstáculos, de Vincenzo Vigoriti, sobre o custo e a duração dos processos, *nós procuramos criar o ideário da Comissão, qual o de fazer com que a celeridade fosse a nossa mola propulsora, a nossa grande inspiração, não sem antes verificarmos o que é que representava ou quais as barreiras com consubstanciavam o verdadeiro acesso a uma Justiça tempestiva.*

[125] Disponível em: https://legis.senado.leg.br/diarios/BuscaDiario?codDiario=11#diario. Acesso em: 3 maio 2018.

[126] Disponível em: https://legis.senado.leg.br/diarios/BuscaDiario?codDiario=529#diario. Acesso em: 3 maio 2018.

Em entrevista, o relator-geral do Código na Câmara dos Deputados também se posicionou em relação aos objetivos a serem cumpridos durante o processo legislativo:[127]

> Agência Câmara — Qual é a diferença entre o projeto e a lei em vigor? Barradas Carneiro — O atual Código de Processo Civil é de 1973. Ele foi feito com base no princípio da segurança jurídica e, de lá para cá, sofreu alterações pontuais que quebraram a sistemática do texto. O que nós pretendemos é manter todos os institutos do atual código que deram certo e aproveitar a possibilidade de criar um novo CPC para desatar os nós constatados ao longo da vigência da lei atual. *Queremos, mantendo a segurança jurídica, dar celeridade e brevidade ao processo, para que as histórias sobre demandas de mais de vinte anos, em que as pessoas morreram sem receber os seus direitos, sejam cada vez mais do passado e não do presente, quanto menos do futuro.* (grifo nosso)

E ainda:

> O relator responsável pela parte geral do projeto do novo Código de Processo Civil (PL 8046/10), deputado Efraim Filho (DEM-PB), *reafirmou há pouco que as suas alterações no texto serão pautadas por três pilares: eficiência, celeridade e* transparência. Segundo ele, isso evitará práticas protelatórias, a indústria de liminares e outras falhas existentes no processo atual. A parte geral da proposta está sendo discutida neste momento pela comissão especial que analisa o tema. (grifo nosso)

Na 6ª audiência pública do Senado Federal,[128] o membro da Comissão Marcus Vinicius Furtado Coelho afirma que este objetivo é compartilhado pelos membros da Comissão que ocupam diversas posições diferentes dentro das carreiras jurídicas:

[127] Disponível em: http://arquivo.edemocracia.camara.leg.br/web/codigo-de-processo-civil/andamento-do-projeto#.XIldlcbOp-U. Acesso em: 17 dez. 2018.

[128] Disponível em: https://legis.senado.leg.br/diarios/BuscaDiario?codDiario=588#diario. Acesso em: 2 jul. 2018.

> Não irei lhes cansar, mas percebam bem que esta Comissão, que é formada por magistrados, membros do Ministério Público, advogados, professores de Direito, ela tem esse objetivo. Esse objetivo de unir, de pôr de mãos dadas celeridade e devido processo legal.

Os membros da Comissão chegam a afirmar que o Código seria regido pela "ideologia da celeridade", ideia que volta a ser repetida em audiências públicas e entrevistas e que acaba pautando muitas das discussões envolvendo as alterações trazidas pelo diploma legal.

Em mais um exemplo da relevância da celeridade para o Código, a fala de Luiz Fux durante a 2ª reunião da Comissão Especial do Senado Federal,[129] em que o ministro é convidado a apresentar o trabalho feito pela Comissão de Juristas responsável pelo anteprojeto:

> Em todo mundo, hodiernamente, realizam-se modificações no Código de Processo, na medida em que o processo é um instrumento de realização de justiça. É através do processo que o cidadão pede justiça e através do processo que o estado presta justiça. De sorte que o grande anseio da população, o grande reclamo da população é que essa resposta judicial advenha em um prazo razoável. E V. Exas., os Srs. Senadores zeram inserir na Constituição Federal uma cláusula pétrea, como ideário da nação, prometendo que todo o processo judicial ou administrativo tem que ter uma duração razoável. É importante destacar que em todas as declarações fundamentais dos direitos do homem, a Declaração da ONU, a Declaração da África e de Madagascar, a Declaração dos Povos Mulçumanos, a nossa declaração, que é o Pacto de São José da Costa Rica, *em todas essas declarações há um dispositivo onde se afirma que em um país onde a justiça não se desempenha da sua função em um prazo razoável, é um país que tem uma justiça inacessível.* (grifo nosso)

[129] Disponível em: http://www2.camara.leg.br/atividade-legislativa/comissoes/comissoes-temporarias/especiais/54a-legislatura/8046-10-codigo-de-processo-civil/documentos/controle-tramitacao-e-notas-taquigraficas/nt-20.09.11-cpc. Acesso em: 3 jan. 2019.

A tônica da celeridade se mantém na Câmara dos Deputados, o que fica claro pela fala do Presidente da Comissão Especial responsável pela análise do PL 8.046/2010, Deputado Fábio Trad, logo na 1ª reunião:[130]

> "Justiça atrasada não é justiça; senão injustiça qualificada e manifesta". Assim Rui Barbosa exaltou um dos valores mais caros à Justiça: a presteza na distribuição do direito. Não a pressa, que rascunha e fragiliza as garantias das partes, mas a racional celeridade, que, aliás, já está prevista na Constituição Federal.

O Deputado Efraim Filho, relator-parcial da Comissão Especial da Câmara dos Deputados define a celeridade, a eficácia e a transparência como pilares da reforma, o que chama de "princípios norteadores da nossa missão":[131]

> O Código preza absolutamente pela eficácia das decisões. Ouvi V. Exa. falar sobre a linguagem do povo, e a eficácia, na linguagem do povo, é acabar com aquela história que existe no País: *"Quem ganha, não leva"* ou *"eu ganhei, mas não levei"*.
> O segundo princípio norteador é o da celeridade. Sem dúvida alguma, é exatamente acabar com a história — na linguagem do povo mais uma vez — de que *"eu morro e vou deixar para os meus filhos o que eu ganhar na Justiça"*.
> E o terceiro princípio é o da transparência, transparência que tem de existir do julgamento da primeira instância ao dos tribunais superiores.

A questão da celeridade do Judiciário é abordada em diversos momentos de forma indireta, quando da discussão em relação às mudanças de contagem de prazos, da diminuição de prazos especiais (como o da Fazenda Pública,

130 Disponível em: http://www2.camara.leg.br/atividade-legislativa/comissoes/comissoes-temporarias/especiais/54a-legislatura/8046-10-codigo-de-processo-civil/documentos/controle-tramitacao-e-notas-taquigraficas/nt-31.08.11-cpc. Acesso em: 2 dez. 2018.

131 Disponível em: http://www2.camara.leg.br/atividade-legislativa/comissoes/comissoes-temporarias/especiais/54a-legislatura/8046-10-codigo-de-processo-civil/documentos/controle-tramitacao-e-notas-taquigraficas/nt21.09.11-cpc. Acesso em: 4 jan. 2019.

por exemplo),[132] da redução do número de recursos, entre outros. Em todo o momento, a morosidade do Judiciário ocupa o papel de variável na análise de viabilidade das alterações legislativas pretendidas, tornando-se um dos pontos cruciais do Código.

É necessário destacar que a preocupação com a possível supressão de direitos e garantias em prol da celeridade foi trazida à discussão em diversos momentos e, principalmente, durante as audiências públicas. É possível encontrar, durante os debates, algumas falas no sentido de que a celeridade não deveria ser buscada a qualquer custo. É o que se observa na entrevista oferecida pelo Deputado Hugo Leal, relator-parcial do Código:

> Para o relator setorial responsável pela parte de recursos, deputado Hugo Leal (PSC-RJ), o desafio da comissão é garantir a rapidez judicial que a população requer sem comprometer o direito de defesa. "Queremos uma Justiça célere, mas com qualidade. De que adianta uma justiça rápida que não é justa?", questionou.[133]

> **SR. JAIR RODRIGUES CÂNDIDO DE ABREU:** [...] O Vale do Ribeira é o lugar mais pobre desse estado, ali a população sofre, e sofre muito. O acesso à justiça é limitado. Quando eu vejo estampados em sites dizendo que os recursos protelatórios estão com os dias contados,

[132] Um dos debates mais relevantes durante as audiências públicas referiu-se à redução do prazo quádruplo da Fazenda Pública. O argumento mais citado nos debates diz respeito ao fato de que a morosidade do Judiciário não seria causada por esse tipo de prazo estendido – necessário para o bom funcionamento da Fazenda Pública – mas sim por outras razões que deveriam ser combatidas. Nesse sentido, na 4ª audiência pública do Senado Federal, a fala de Cláudio Xavier Filho: "Ministro Fux falou com muita propriedade, quando falou da celeridade. Garanto para o Ministro Fux que não vai ser a retirada de prazo em quádruplo, em dobro da Fazenda que vai resolver a celeridade. A celeridade está sendo resolvida hoje com repercussão geral, repetitivo [...]". E ainda, na 5ª audiência pública, Márcia Maria Barreta Fernandes Semer defendeu que: "As estatísticas divulgadas pelo CNJ demonstram que o percentual de tempo despendido nos processos em que o estado é parte decorrente dos prazos diferenciados ou mesmo do reexame necessário, não é significativo e não é o fator determinante da morosidade para solução das lides".

[133] Disponível em: http://www2.camara.leg.br/camaranoticias/noticias/DIREITO-E-JUSTICA/205489-FIM-DE-RECURSOS-CAUSA-POLEMICA-EM-DEBATE-SOBRE-O-NOVO-CPC.html. Acesso em: 27 ago. 2018.

> preocupa-me bastante. Será que o advogado vive só de recurso protelatório? Não seria o meu constituinte aquele coitado lá do Vale do Ribeira que planta banana, tomate, alguma coisa, que estaria necessitando desse recurso? *Peço a Comissão que reveja alguns pontos e que seja levado em consideração os rincões do país, que é diferente da capital da São Paulo ou Brasília.* (grifo nosso)

E ainda:

> **SRA. TERESA ARRUDA ALVIM WAMBIER:** [...] esse desafio consiste na busca de um equilíbrio, a sensação que se tem ao se buscar esse equilíbrio entre a necessidade de celeridade, a necessidade de desafogamento dos tribunais, é uma sensação equivalente, eu acredito que todo mundo já tenha essa sensação na vida, da necessidade da emagrecer e emagrecer sem passar fome, a gente sabe que para emagrecer é só não comer, só que se a gente não comer a gente morre, então esse é o desafio, é um desafio muito parecido, para o processo ficar mais curto é só tirar os recursos, é claro, mas não pode, porque nós temos o outro lado para ver, a preservação das garantias constitucionais, processuais e estrito senso e etc. *Então o que se está procurando e adotar técnicas que levem ao desafogamento do Judiciário, à celeridade sem ferir direitos.*[134] (grifo nosso)

O objetivo principal quando da elaboração do Código era a superação da morosidade do Judiciário, oferecendo condições para que os processos fossem julgados dentro de um prazo razoável, cumprindo o objetivo de desafogamento do Judiciário, conforme observado na fala de Teresa Arruda Alvim Wambier. Nesse sentido, as reformas foram baseadas em um diagnóstico sobre as causas da morosidade do Judiciário e, consequentemente, da sua superlotação. Vejamos:

[134] Disponível em: https://legis.senado.leg.br/diarios/BuscaDiario?codDiario=529#diario. Acesso em: 12 jul. 2018.

> **SR. LUIZ FUX:** [...] chegamos à conclusão de que, inegavelmente, o volume de demandas, o excesso de liturgias e o volume de recursos são, atualmente, os responsáveis pela demora da prestação judicial. E chegamos a essa conclusão depois de verificarmos um panorama mundial, onde a maioria dos países de matiz romano- germânica, como é o nosso, realizaram intensas modificações no seu Código de Processo Civil.[135]

No mesmo sentido, a fala de Elpídio Donizetti e Luiz Fux, membros da Comissão de Juristas do Senado Federal, em diferentes oportunidades:

> Fux traçará um panorama da tramitação legislativa da proposta, que se originou no Senado e foi aprovada por aquela Casa. O Código de Processo Civil em vigor atualmente data de 1973 (Lei *5869/73*). Além de ter quase 40 anos, foi elaborado antes da redemocratização do País. A proposta busca agilizar a tramitação das ações cíveis, com a eliminação de recursos, o reforço à jurisprudência e outros mecanismos[136]. [...] O ministro do Luiz Fux disse que, em vez de questionar o novo código, é preciso colocar o atual em questionamento. "Esse código atual, que leva a pessoa a demorar 10, 15, 20 anos até conseguir o seu direito, deu certo?", perguntou Fux.
> O ministro do Supremo Tribunal Federal (STF) Luiz Fux afirmou que o projeto do novo Código de Processo Civil (PL *8046/10*) *ataca as três principais mazelas do processo civil atual: o excesso de formalidades, a proliferação de recursos e a resolução das ações de massa.*[137]

> **MINISTRO LUIZ FUX**: A Comissão se debruçou metodologicamente na percepção de que realmente nós temos barreiras e temos que

[135] 5ª Audiência Pública do Senado Federal. Disponível em: https://legis.senado.leg.br/diarios/BuscaDiario?codDiario=529#diario. Acesso em: 14 ago. 2018.

[136] Disponível em: http://www2.camara.leg.br/camaranoticias/noticias/DIREITO-E-JUSTICA/202752-MINISTRO-DO-STF-FALA-HOJE-SOBRE-NOVO-CODIGO-DE-PROCESSO-CIVIL.html. Acesso em: 3 ago. 2018.

[137] Disponível em: https://www2.camara.leg.br/camaranoticias/noticias/DIREITO-E-JUSTICA/202752-MINISTRO-DO-STF-FALA-HOJE-SOBRE-NOVO-CODIGO-DE-PROCESSO-CIVIL.html. Acesso em: 22 set. 2018.

> encontrar soluções. E quais são essas barreiras? *O excesso de liturgias e de solenidades no processo, o excessivo número de demandas, o volume de demandas e o volume de recursos.*[138] (grifo nosso)

Observa-se que são apontadas três causas principais para a morosidade do Judiciário: (i) o excesso de formalidades/burocracia; (ii) o excesso de recursos e (iii) o volume de demandas. Destaque-se que em nenhum momento é utilizada fundamentação em pesquisas ou dados científicos, apesar de existirem relatórios que contêm essas informações, o que indica que o diagnóstico feito em relação ao Judiciário e sua lentidão se deu sem corroboração empírica, baseando-se nas experiências pessoais daqueles que participaram diretamente da elaboração do Código.

Em alguns momentos, principalmente nas audiências públicas, é possível observar menções à necessidade de dados estatísticos relativos às mudanças legislativas anteriores para avaliação de seus impactos. É um exemplo a fala de Manoel Caetano na 8ª audiência pública do Senado Federal:[139]

> Prof. Manoel Caetano, sugeriu: Sugeriu obtenção de dados estatísticos que permitam avaliar os impactos das mudanças feitas nos últimos 15 anos. Sem estes dados, não será possível saber se as proposições são as mais adequadas para solucionar os problemas do acesso à justiça.

Esse diagnóstico sobre a morosidade do Judiciário impulsionou diversas alterações legislativas previstas no anteprojeto como a supressão dos embargos infringentes, a limitação do uso do agravo e o fortalecimento dos mecanismos de julgamento de casos repetitivos, a fim de garantir a redução do número de recursos e volume de demandas que entram no Judiciário anualmente.

No entanto, houve quem discordasse desse posicionamento elegido pela Comissão como ideal ao combate à morosidade dentro do Judiciário.

138 5ª Audiência Pública do Senado Federal. Disponível em: https://legis.senado.leg.br/diarios/BuscaDiario?codDiario=529#diario. Acesso em: 14 ago. 2018.

139 Disponível em: https://legis.senado.leg.br/diarios/BuscaDiario?codDiario=529#diario. Acesso em: 13 set. 2018.

Na 5ª audiência pública do Senado Federal,[140] o professor Leonardo Greco indica como ponto a ideologia da celeridade, afirmando que qualquer medida voltada à redução de demandas e recursos atingiria apenas o aspecto quantitativo, deixando de lidar com o problema de forma mais contundente e sob a perspectiva qualitativa:

> [...] a ideologia norte da reforma não deve ser a celeridade [...]; instrumentos de redução de recursos e demandas é algo puramente quantitativo, o que não parece ser o mais adequado – o melhor seria atacar a litigiosidade, que nasce fora do Judiciário [...]

O professor Kazuo Watanabe também faz ponderações em relação não só ao diagnóstico trazido pelos membros da Comissão, mas também à necessidade de pesquisas para auxiliar a elaboração de alterações legislativas. Durante a 5ª audiência pública,[141] Watanabe destacou que muitas iniciativas legislativas nos anos anteriores teriam atacado apenas os efeitos da morosidade, mas não enfrentado diretamente as suas causas. Segundo o professor, procurar soluções para evitar a processualização resolveria em grande parte a questão da morosidade.[142]

> O que eu acho que a solução da morosidade da Justiça passa por essas várias frentes: pesquisar o que ocorre na sociedade e quais as soluções possíveis, para evitar que haja excessiva processualização, excessiva judicialização, e, após isso, então, encontrar, no plano processual, as soluções possíveis para se alcançar a morosidade. Pois bem, então, sintetizando essa parte inicial, eu diria que a morosidade da Justiça passa pelo enfrentamento de algumas frentes; a lei processual é uma das frentes.

[140] Disponível em: https://legis.senado.leg.br/diarios/BuscaDiario?codDiario=529#diario. Acesso em: 12 jul. 2018.

[141] Disponível em: https://legis.senado.leg.br/diarios/BuscaDiario?codDiario=529#diario. Acesso em: 18 jul. 2018.

[142] E, ainda de acordo com Kazuo Watanabe: "Quando a gente pensa na morosidade da Justiça e parte para a reforma de leis processuais, nós estamos atacando os efeitos, nós temos umas causas dessa morosidade". Disponível em: https://legis.senado.leg.br/diarios/BuscaDiario?codDiario=529#diario. Acesso em: 12 jul. 2018.

Sobre a necessidade de pesquisas que auxiliem as reformas, Watanabe afirmou:

> E hoje integro o Conselho Consultivo do DPJ do CNJ, e ali nós estamos fazendo algumas pesquisas e sobre a morosidade da Justiça, causas repetitivas e as soluções possíveis, o CNJ está realizando três questões. Como sempre tem acentuado o nosso grande mestre Barbosa Moreira, nós temos que partir para a reforma com conhecimento de causas. Por que nós temos tanta conflituosidade, qual a razão de tanta litigiosidade? Mencionou-se aqui [ininteligível] de massa, nós temos algumas situações preocupantes. Os dados do CNJ indicam que, por exemplo, no Estado de São Paulo, a população tem crescido mais ou menos 2.1% ao ano, mas as demandas judiciais têm crescido na proporção de 12%. *Então o conhecimento dessas causas, eu acho que é de fundamental importância para se projetar qualquer solução no plano da lei processual, senão nós vamos ter que reformar novamente a lei processual e editá-la. Então, nesse ponto, eu gostaria de sugerir que a comissão incorpore, no sistema dali, essa necessidade da pesquisa ou trabalhe em conjunto com o CNJ, que está numa outra linha, está fazendo pesquisas importantes não só das causas da litigiosidade, como também está procurando filtros para esta litigiosidade, porque os conflitos ocorrem na sociedade de uma forma incontrolável.*

Outra preocupação recorrente durante a elaboração do CPC/2015 relacionava-se à segurança jurídica e ao que ficou conhecido como "jurisprudência lotérica". Diversos são os momentos em que se menciona a necessidade de uniformização da jurisprudência para garantir previsibilidade ao sistema de justiça.

O deputado Fábio Trad, presidente da comissão especial da Câmara dos Deputados, e Efraim Filho, relator parcial, também afirmaram em entrevistas as preocupações principais envolvendo o Código:

> "A reunião de hoje se debruçou sobre uma questão de fundo que transcende o tecnicismo: a necessidade de compatibilizar o processo de conhecimento a três valores constitucionais: *segurança jurídica, com estabilidade e previsibilidade do direito e da jurisprudência; efetividade do*

> *processo como ferramenta para se alcançar a realização do Direito; e celeridade, que não deve ser confundida com pressa"*, afirmou.[143] (grifo nosso)

Na 1ª audiência do Senado Federal[144] José Anchieta da Silva chega a defender a necessidade de maior atenção à segurança jurídica do que à celeridade:

> **SR. JOSÉ ANCHIETA DA SILVA:** É preciso, Sr. Presidente, que se compreenda que a celeridade é um valor, mas a celeridade não é e não pode ser um valor absoluto, um valor que se sobrepõe ao valor da celeridade é o da segurança jurídica.

E ainda, na 5ª audiência pública do Senado Federal:[145]

> **SRA. ROGÉRIA FAGUNDES DOTTI:** A maior preocupação do Instituto dos Advogados refere-se à necessidade de conciliação entre os princípios da celeridade e da segurança jurídica. Em outras palavras, é fundamental que a nova lei atribua a esses dois valores a mesma importância, evitando-se que a busca da celeridade comprometa a segurança dos jurisdicionados.

E, em momentos diferentes, na 6ª reunião da Comissão de Juristas do Senado Federal:[146]

> **SR. MINISTRO LUIZ FUX:** [...]. Porque o grande problema hoje, o grande problema é a insegurança jurídica gerada pela modificação da jurisprudência [...].

143 Disponível em: http://www2.camara.leg.br/camaranoticias/noticias/DIREITO-E--JUSTICA/204189-NOVO-CPC-TEM-DE-RESPEITAR-VALORES-CONSTITUCIONAIS,--DIZ-PRESIDENTE-DE-COMISSAO.html. Acesso em: 4 jul. 2018.

144 Disponível em: https://legis.senado.leg.br/diarios/BuscaDiario?codDiario=588#diario. Acesso em: 17 set. 2018.

145 Disponível em: https://legis.senado.leg.br/diarios/BuscaDiario?codDiario=529#diario. Acesso em: 12 jul. 2018.

146 Disponível em: https://legis.senado.leg.br/diarios/BuscaDiario?codDiario=529#diario. Acesso em: 7 jun. 2018.

> **SRA. TERESA ARRUDA ALVIM WAMBIER:** Prof. Adroaldo, eu até não sou de grandes discursos, mas o que me parece que está errado é a atitude dos Tribunais, os Tribunais de grandes viradas, é isso que está errado. [...] Eu estudei muito isso, porque fui para Inglaterra, estudei estabilidade de jurisprudência, e isso é um vício da América Latina, não é um problema de país de *Civil Law*, porque na Alemanha também é *Civil Law* e eles não mudam a jurisprudência do jeito que mudam aqui. Então a vergonha é essa. Podem gravar. Eu recebi uma vez um *e-mail*: os Tribunais das grandes viradas. É isso que está errado, isso não poderia acontecer.

É interessante ressaltar a fala de Arnoldo Wald Filho também durante a 5ª audiência pública do Senado Federal, que reflete a narrativa de que a segurança jurídica seria componente necessário para garantia de um espaço estável para realização de contratos e recebimento de investimentos.

> **SR. ARNOLDO WALD FILHO**: Então, há que se louvar aqui essa iniciativa do Senado Federal e o esforço dessa Comissão presidida pelo Prof. Ministro Luiz Fux, e de relatoria da Profa. Teresa Wambier, que nos traz soluções, *que faz com que o tempo da justiça torne-se o tempo do empresário, do investidor, que traz segurança jurídica para o nosso país, importante ressaltar que um país onde existe segurança jurídica, onde existe a dicotomia de se respeitar os códigos, mas também de se manter e respeitar a jurisprudência, é um país aonde investidores estrangeiros e os próprios empresários nacionais olham de outra forma, reduzindo assim o Risco Brasil.*
> Eu costumava ter comigo, hoje não trouxe, uma estatística, em que o Brasil figurava, a nível de segurança jurídica, abaixo de países orientais, de países africanos, era o único país dos BRICs que não estava bem classificado a nível de segurança jurídica. (grifo nosso)

A preocupação com a segurança jurídica e a repetição do discurso de necessidade de garantia de maior previsibilidade ao sistema de justiça chegou a ser questionada durante os debates legislativos. Durante a 8ª audiência pública,[147] Benedito Cerezzo Filho questiona os colegas da comissão a fim de entender o que eles compreenderiam por segurança jurídica sugerindo a possibilidade de que esse discurso tenha sofrido certo esvaziamento de sentido:

> A gente que tem acompanhado as Audiências Públicas e recebido algumas sugestões, temos percebido um discurso que acaba centralizado, permeando essa questão de celeridade e segurança jurídica, mas me ajude aí, Prof. Bedaque e Profa. Teresa, eu tenho feito a seguinte pergunta: será que nós temos questionado o que é segurança jurídica? Porque, será que segurança jurídica ou um conceito de segurança jurídica seria só um processo que tem uma plenitude de defesa num procedimento exauriente, isso seria segurança jurídica? Eu não posso pensar em segurança jurídica também pela ótica do autor ou pela ótica daquele que necessita de uma tutela que seja adequada, efetiva e adequada?

Em resumo, o que se observa sobre a elaboração do Código em relação à celeridade é que: (a) a superação da morosidade do Judiciário é o ponto central de orientação das mudanças; (b) havia preocupação com a diminuição de garantias e direitos em razão da maior celeridade do processo, o que foi trazido à tona em diversos momentos; (c) a comissão de juristas do Senado Federal traçou três obstáculos a serem transpostos para que houvesse a superação da morosidade: diminuir burocracia, diminuir a quantidade de recursos, colocar entraves financeiros para desestimular o uso indiscriminado de recursos e a resolução de ações de massa; (d) em nenhum momento são citadas pesquisas que informem as conclusões trazidas pelos participantes sobre a morosidade do Judiciário; (e) a preocupação com a segurança jurídica acompanhou os debates sobre garantia de maior celeridade ao processo.

[147] Disponível em: https://legis.senado.leg.br/diarios/BuscaDiario?codDiario=529#diario. Acesso em: 22 set. 2018.

3.5. Processo coletivo e IRDR

Observando os debates realizados ao longo da elaboração do CPC/2015, é possível identificar duas constantes: a resistência à inclusão de dispositivos relativos ao processo coletivo no texto do Código e a ampla aceitação do Incidente de Resolução de Demandas Repetitivas.

Logo na 1ª Reunião da Comissão de Juristas do Senado Federal[148] é possível verificar um debate relevante em relação ao incentivo ao processo coletivo como forma de combate à litigiosidade repetitiva no CPC/2015, iniciado por Elpídio Donizetti:

> **SR. ELPÍDIO DONIZETTI:** Agora, apropriar indevidamente do consumidor sete bilhões de reais de energia elétrica. Vão entulhar o judiciário. Por que não esgotar as vias administrativas num prazo adequado – senão eles serão punidos também, e eu me refiro à administração pública – *um incentivo à Ação Civil Pública na parte geral* – estou aqui adiantando e depois nós podemos descer às especificidades –, *inclusive com a previsão de um processo coletivo com as linhas mestras, com a atribuição do Ministério Público mais acentuada, mais enfeixada.* Que eu vejo que na própria linha da jurisprudência do STJ limita a atuação do Ministério Público, no processo coletivo, naqueles direitos individuais homogêneos, naqueles casos em que há interesse social. Como não enxergar interesse social no caso da energia elétrica, do expurgo inflacionário, que o próprio STJ. (grifo nosso)
>
> [...]
>
> **SR. LUIZ FUX:** Mas, por outro lado, a sua ideia, ela bate, por exemplo, com a minha, que é de ampliar a legitimação do Ministério Público, e bate com a minha que, nesses litígios de massa, *a regra não pode ser legitimação individual, a regra tem que ser a legitimação coletiva.* E aí você

148 Disponível em: https://legis.senado.leg.br/diarios/BuscaDiario?codDiario=11#diario. Acesso em: 18 maio. 2018.

> amplia a legitimação do Ministério Público e, ao mesmo tempo, proíbe a demanda individual. (grifo nosso)

Em resposta a Donizetti, Luiz Fux afirma que, diante da existência do PLS 5.139/2009 – que previa a criação de um Código de Processo Coletivo – qualquer previsão sobre o tema no anteprojeto seria encarada de forma muito negativa, o que implicaria, inclusive, em perda de apoio político para a Comissão de Juristas do Senado Federal:

> **SR. LUIZ FUX:** "Deixa eu só trazer aqui um dado da prática. Essa comissão, ela foi criada por um ato administrativo do Senado. Então, o que acontece? Evidentemente que não há nem de se pensar em submeter agora a um ato Legislativo de criação da comissão que não sai. *Aí acaba a comissão.* Então, o que acontece? Nós temos que trabalhar, como ato administrativo, apresentar um belo trabalho sem sofremos oposição. O que acontece? *O Ministério da Justiça tem preparado um processo coletivo que está no forno. Se nós entrarmos agora com algo contra o processo coletivo, nós vamos perder todo o apoio. Isso eu ouvi de viva voz. Eu fui lá ao Ministro da Justiça e eu notei num primeiro, não dele, mas assessoria dele que preparou e que me pediu. Então, vocês poderiam... Nós estamos de acordo com essa regra da legitimação coletiva, mas vocês poderiam aguardar sem eliminar o processo coletivo?* Entendeu? Acho que até pelo contrário, acho que nos ajuda. Passando o processo coletivo, dá um respaldo à nossa ideia [...]". (grifo nosso)

Em um primeiro momento a razão para a não inclusão de dispositivos voltados ao processo coletivo seria justamente a existência de outro projeto de lei que tratava do mesmo tema. E, além disso, pela fala de Luiz Fux, é possível compreender que haveria comprometimento político da Comissão caso se arriscasse a tratar da ação coletiva no anteprojeto, o que poderia culminar com a sua dissolução e perda de influência política dos atores na elaboração do novo Código.

É necessário destacar, no entanto, que o PLS 5.139/2009 foi rejeitado na Comissão de Constituição e Justiça no dia 17 de março de 2010, ou seja, ainda durante os debates e reuniões da Comissão de Juristas para elaboração do

CPC/2015. Nesse sentido, Ada Pellegrini Grinover, durante a 5ª audiência pública,[149] sugere a observação do referido projeto pela Comissão e possível absorção de seu conteúdo:

> **SRA. ADA PELLEGRINI GRINOVER:** Agora eu gostaria, para terminar, de dizer que como muitos sabem, o Projeto de Lei que regulava a ação civil pública foi rejeitado pela Comissão de Constituição e Justiça da Câmara dos Deputados, houve um recurso para que a matéria seja apreciada pelo Plenário, assinada pelo número regimental ou até mais de deputados. Mas eu sei que a Comissão já decidiu excluir do Código de Processo Civil a parte atinente aos processos coletivos, salvo esse incidente de coletivização que é muito interessante, que não briga em absoluto com o sistema de processos coletivos. Mas eu ponderaria à Comissão que o Projeto de Lei de Ação Civil Pública está pronto e acabado, ele é consequência de trabalhos que já duraram mais de seis anos com o anteprojeto de Código Brasileiro de Processos Coletivos, que foi transformado nesse Projeto de Lei, foi amplamente debatido, foi elaborado por segmentos representativos, foi submetido à Audiência Pública, então talvez se pudesse considerar, colocar no Código de Processo Civil o tratamento dos processos coletivos e incorporando esse Projeto de Lei que já está perfeito e acabado. É uma sugestão que eu faço, deixando, evidentemente ao prudente arbítrio da Comissão do Senado.

Sobre a possibilidade de tratar ou não do processo coletivo dentro do anteprojeto do CPC/2015, Paulo Cézar Carneiro afirma:

> **SR. PAULO CÉZAR CARNEIRO:** Duas coisas. Primeiro, essa proposição que acho que também estou de acordo que vão entender como limitação, mas esse problema do Ministério Público leva a duas discussões. Primeiro uma discussão que está dentro dos procedimentos especiais: se nós vamos colocar dentro dos procedimentos especiais

[149] Disponível em: https://legis.senado.leg.br/diarios/BuscaDiario?codDiario=529#diario. Acesso em: 12 jul. 2018.

> a Ação Civil Pública. Nós não podemos regular parte da Ação Civil Pública no Código. Ou vamos regular ela toda, como procedimento especial, que eu estou tendente até a admitir isso – *eu era contra, mas estou achando melhor, por causa desse terrível projeto da Ação Civil Pública –, e esse é o aspecto...* Outro aspecto foi uma colocação que eu fiz, que o Bruno endossou, mas esqueceu de colocar, de criar, *para evitar o problema do acesso à justiça, mesmo individual, de criar um incidente de coletivização ou uma causa ou um processo piloto como eu propus, para regular todas essas situações com cadastro nacional.* Então, eu acho que isso está tudo ligado a essa proposição do MP. Nós temos que dividir isso em etapas.[150]

A partir dessa fala é possível observar que o PLS 5.139/2009 não é encarado por todos os membros da comissão como uma boa iniciativa legislativa, o que poderia significar um impulso à disciplina do processo coletivo dentro do CPC/2015, exatamente como afirma Paulo Cézar Carneiro. No entanto, observando outros excertos dos debates da 1ª reunião é possível observar que a resistência ao processo coletivo era tamanha que essa possibilidade foi inviabilizada. Vejamos:

> **ORADOR NÃO IDENTIFICADO** – se vaza aqui... [...] que a Comissão está pensando em alguma coisa de coletivização... Se vazar essa notícia lá, você já vai ter resistência.
>
> **ORADOR NÃO IDENTIFICADO** – *Não, mas eu digo, nós não aprovarmos aqui na pauta nada que diga coletivo. Coletivo. Nada de coletivo.* (grifo nosso)

Ou seja, até as palavras "coletivo" ou "coletivização" foram afastadas do Código por medo – ao que parece – de resistência em relação à aprovação do texto do anteprojeto. A preocupação foi tão relevante que o próprio IRDR, que no início era chamado de "incidente de coletivização", teve seu nome alterado ao longo da tramitação do CPC/2015.

[150] 1ª Reunião da Comissão de Juristas do Senado Federal. Disponível em: https://legis.senado.leg.br/diarios/BuscaDiario?codDiario=11#diario. Acesso em: 3 maio 2018.

Destaque-se que, logo em seguida, Paulo Cezar Carneiro traz a ideia do incidente de coletivização para o debate, justamente para lidar com os problemas apontados por Elpídio Donizetti quando sugeriu o incentivo ao processo coletivo.

> **SR. PRESIDENTE MINISTRO LUIZ FUX:** *Nós estamos de acordo com essa regra da legitimação coletiva, mas vocês poderiam aguardar sem eliminar o processo coletivo?* Entendeu? Acho que até pelo contrário, acho que nos ajuda. Passando o processo coletivo, dá um respaldo à nossa ideia [...] (grifo nosso)
>
> **ORADOR NÃO IDENTIFICADO:** Mas o incidente de coletivização não tem a ver.
>
> **SR. PRESIDENTE MINISTRO LUIZ FUX:** Não, mas de qualquer maneira... Vamos ver se não tem a ver. Não vamos comprar briga porque a gente não tem força para ganhar.
>
> **ORADOR NÃO IDENTIFICADO:** Nós podemos redigir e decidir depois.
>
> **SRA. TERESA ARRUDA ALVIM WAMBIER:** Porque a ideia é muito boa.
>
> **SR. PRESIDENTE MINISTRO LUIZ FUX:** Mas como seria isso? Porque eu, por exemplo —
>
> **SRA. TERESA ARRUDA ALVIM WAMBIER:** É o mesmo 543 por analogia no primeiro grau de jurisdição.

É possível observar aqui que Luiz Fux aponta o incidente de coletivização como uma forma de tratar do problema da litigiosidade de massa sem adentrar no âmbito do processo coletivo. Inclusive, afirma que, no caso do PLS 5.139/2009 ser aprovado, a ideia de julgamento de casos repetitivos – notadamente, o incidente – teria ainda mais respaldo.

Ainda sobre a ideia do incidente de coletivização, as seguintes falas são relevantes:

> **ORADOR NÃO IDENTIFICADO:** Coletivização seria o seguinte: nós temos várias ações individuais, e não temos nenhuma Ação Civil Pública proposta. Várias ações individuais. Vou dar um exemplo, assinatura básica você teve centenas de milhares, as ações coletivas só vieram depois. Para evitar esse congestionamento, na medida em que haja uma tese, que seria uma tese que tivesse na sua base direito individual homogêneo ou direito coletivo, o que aconteceria? O juiz selecionaria uma das ações – nós tínhamos que ver a competência –, uma ou mais ações, suspenderia todas as outras, e isso seria um incidente de coletivização daquela matéria. *Porque até chegar uma Ação Civil Pública, seria uma loucura.* E isso nós teríamos um cadastro coletivo, que é muito importante, um cadastro nacional, à semelhança da Ação Civil Pública. Esse cadastro nacional mostraria... Já existe uma ação escolhida para dirimir aquele problema. (grifo nosso)
>
> **SR. PRESIDENTE MINISTRO LUIZ FUX:** E essa ideia, ela evita a crítica da impossibilidade da ação individual. Que eu muito embora tivesse imaginado criar essa regra da legitimação coletiva obrigatória para as ações de massa [ininteligível] individual, pode recair nessa crítica constitucional. E aí não cai. O incidente de coletivização.

O Ministro Fux afirma que a ideia do incidente de coletivização conseguiria se desviar de um debate muito relevante e polêmico quando falamos de processo coletivo: a possibilidade de ajuizamento de ação individual quando já existe ação coletiva em andamento, o que representaria uma vantagem do novo mecanismo.

A realidade é que diante da "ideologia" central do Código – a celeridade – alguma medida precisaria ser tomada em relação à questão da litigiosidade de massa. Tendo em vista a enorme resistência relativa ao processo coletivo, o IRDR surge como possibilidade viável, menos suscetível à resistência no Congresso Nacional e que não incorreria na perda de capital político da Comissão. Nesse sentido, a discussão ainda na 1ª reunião[151] da Comissão:

> **ORADOR NÃO IDENTIFICADO:** [...] O judiciário, paradoxalmente, que dizem que é tão moroso, não poderá continuar a deferir ou indeferir petições. Todas elas vão direto ao judiciário: resolver todos os problemas de banco, companhia telefônica, energia elétrica. Ninguém faz nada, vai tudo para o judiciário —
>
> [falas sobrepostas]
>
> **ORADOR NÃO IDENTIFICADO:** Esse incidente vai ajudar a resolver —
>
> **SR. PRESIDENTE MINISTRO LUIZ FUX:** Eu acho o seguinte, olha aqui. Esse remédio pode ser dado ao paciente no estágio mais avançado da doença, não é?
>
> **ORADOR NÃO IDENTIFICADO:** Pela ordem, Presidente. Esse mês [ininteligível] aqui, eu julguei 270 sentenças: 200 foram revisionais de banco, capitalização de juros. *Esse incidente já teria resolvido minha vida.* (grifo nosso)
>
> **SR. PRESIDENTE MINISTRO LUIZ FUX:** Exatamente. Eu acho que o incidente, ele, na realidade, ele só surge depois, de repente, quer dizer, as pessoas exercem o seu direito de ação, ninguém evita nada, está lá —
>
> [falas sobrepostas]
>
> **SR. PRESIDENTE MINISTRO LUIZ FUX:** e nem a Corte Suprema vai poder dizer nada, porque ela está mandando voltar tudo. Então,

[151] Disponível em: https://legis.senado.leg.br/diarios/BuscaDiario?codDiario=11#diario. Acesso em: 3 maio 2018.

> vamos deixar com o nome de incidente de coletivização, depois vamos mudar o nome, mas fica assim: na parte relativa à Legislação haverá um incidente de coletivização que paralisará as ações as ações individuais. Todas. Passa isso primeiro. Vamos passar isso primeiro. Está aprovado isso? Está aprovado isso?

Apesar de não podermos identificar quem foi o autor de algumas das falas, é possível identificar o claro interesse dos magistrados em relação ao incidente e sua potencialidade de lidar com demandas idênticas, "resolvendo a vida" dos juízes.

Um momento muito relevante que demonstra a resistência que o processo coletivo enfrenta acontece na 6ª reunião da Comissão de Juristas do Senado Federal.[152] Nesta oportunidade os membros da Comissão revelam como a confusão do até então "incidente de coletivização" com o processo coletivo poderia trazer enormes dificuldades à aprovação do anteprojeto.

> **SR. MARCUS VINÍCIUS FURTADO COELHO:** Eu espero que esse incidente não seja visto no Congresso como algo parecido com a Lei da Ação Civil Pública.
>
> [...]
>
> **SR. JANSEN FIALHO DE ALMEIDA:** Eu estava lá. É o que o Flávio Dino levantou que foi rejeitado. Estava parecido.
>
> **SR. MARCUS VINÍCIUS FURTADO COELHO:** Eu acho que é possível, sim. Amanhã nós vamos ouvir do Ministro da Justiça. Mas o... O Favet(F), que é o Secretário-Executivo agora. O Favretto(F) é da reforma do judiciário. Me disse algo parecido. A preocupação dele Favretto quanto ao incidente de coletivização. Não, a gente vai explicar e tal... Então, é bom na visita amanhã ficar bem claro.

[152] Disponível em: https://legis.senado.leg.br/diarios/BuscaDiario?codDiario=529#diario. Acesso em: 13 jul. 2018.

A preocupação tanto de Marcus Vinícius Furtado Coelho como de Jansen Fialho de Almeida consistia na confusão entre os dois institutos quando o texto fosse levado a público. Coelho ainda cita Rogério Favreto, que foi secretário da Reforma do Judiciário, e teria manifestado preocupação em relação à similaridade do incidente com o processo coletivo. Ainda na mesma oportunidade:

> **SRA. TERESA ARRUDA ALVIM WAMBIER:** Eu acho que quanto mais cara de 543 esse incidente tiver, mais palatável ele vai ser.
>
> [falas sobrepostas]
>
> **SR. MARCUS VINÍCIUS FURTADO COELHO:** Inclusive eu digo, nos moldes dos recursos representativos, está sendo criado incidente de coletivização.
>
> [falas sobrepostas]
>
> **SR. PRESIDENTE MINISTRO LUIZ FUX:** O obstáculo que se põe, digamos assim, fazendo uma analogia que não tem a ver. Porque o incidente de coletivização é para o tratamento da litigiosidade de varejo. Não é um processo coletivo.

Ainda na 6ª Reunião da Comissão de Juristas, Teresa Arruda Alvim Wambier refere-se ao artigo 543, do CPC/1973, que disciplinava os recursos especiais repetitivos que, como visto no segundo capítulo, trata-se de um mecanismo de julgamento de casos repetitivos muito similar ao que veio a ser o IRDR. Observando a discussão, é possível perceber que quanto mais o instituto desenhado pela Comissão se assemelhasse aos métodos de julgamento de casos repetitivos e menos ao processo coletivo, maiores as chances de aprovação do texto. Conforme visto anteriormente, a preocupação era tamanha que até o nome "incidente de coletivização" foi alterado:

> **SR. JOSÉ MIGUEL GARCIA MEDINA:** Não é. Mas então, Ministro, talvez fosse o caso, minha opinião, *de a gente não usar essa expressão. Só*

usar outro nome. Porque em todo lugar que a gente vai falar sobre incidente de coletivização o pessoal já pergunta assim: "Ah, é o Ministério Público que vai pleitear?". Porque todo mundo já vincula com ação coletiva. Incorretamente, como a gente sabe. (grifo nosso)

[...]

SR. JOSÉ MIGUEL GARCIA MEDINA: Ministro, eu dei uma palestra, em Porto Alegre, no Tribunal de Justiça do Rio Grande do Sul, evento inclusive que participou o professor Adroaldo também. E estava à mesa um desembargador que foi membro dessa Comissão, que fez o projeto da ação da Lei De Ação Civil Pública. E ele falou: "Ah, bom, então não é nada a ver com ações coletivas?". Foi um negócio alívio. Porque era uma preocupação dele em relação ao incidente de coletivização. Quando eu falei disso.

SR. PRESIDENTE MINISTRO LUIZ FUX: Já tinha passado? Já tinha sido vetado?[153]

SR. JOSÉ MIGUEL GARCIA MEDINA: Já. Foi há duas semanas, salvo engano, a palestra. [...] Eu estive lá há pouco tempo. Daí ele comentou isso. "Ah, poxa vida, ainda bem que vocês não estão falando disso. Porque a gente achava que aí vocês já iam falar de ações coletivas e tal". Eu disse: "Não, não tem nada a ver. Pode até acontecer que haja ali uma coincidência eventual com alguma coisa que tem a ver com Ação Civil Pública Para Direitos Individuais Homogêneos, mas não necessariamente.

SRA. TERESA ARRUDA ALVIM WAMBIER: No fundo são remédios, digamos, aparentados.

SR. JOSÉ MIGUEL GARCIA MEDINA: Isso; eles se assemelham muito.

[153] Luiz Fux se refere ao Projeto de Lei 5.139/2009.

Neste ponto, é válido ressaltar a relutância de Luiz Fux em relação ao tema. O ministro diz:

> **SR. PRESIDENTE MINISTRO LUIZ FUX:** Isso já é... Eu... Desculpa, eu já vejo isso aí com outros olhos. [ininteligível] processo coletivo, saiu de lá... Jogar uma areinha... Isso aí eu já não...
> [...]
> O processo coletivo não passou por razões políticas de quem não sabe o que é. Entendeu? Eu não sei até que ponto entrou. *Não sei até que ponto a bênção... Eu não sei até que ponto a bênção deles é uma bênção ou é um...* Eu não sei. Vou sentir amanhã, sinceramente. Porque pode criar aí um... *Nós não conseguirmos passar o processo coletivo, vocês vão passar um negócio que é parecido. Isso gera um... Uma questão política, desnecessária, mas a gente sabe que existe.* (grifo nosso)

Quando Fux diz "que o processo coletivo saiu de lá", diz respeito ao Projeto de Lei 5.139/2009, cuja iniciativa partiu do Ministério da Justiça, conforme vimos anteriormente.[154] Sua resistência diz respeito ao fato de o projeto em questão ter sido rejeitado e, como a comissão apresentaria um instituto que, na sua visão, seria muito similar ao processo coletivo, poderia haver algum tipo de disputa política nesse sentido. Na fala de Fux fica explícita a resistência ao processo coletivo e, ainda, que essa resistência é de conhecimento geral quando diz "Isso gera um... Uma questão política, desnecessária, mas a gente sabe que existe".

[154] Nesse sentido, o excerto do PLS 5.139/2009: "Diante desse cenário, o Ministério da Justiça instituiu, por meio da Portaria n. 2.481, de 9 de dezembro de 2008, Comissão Especial composta por renomados juristas e operadores do Direito, com representação de todas as carreiras jurídicas, e presidida pelo Secretário de Reforma do Poder Judiciário do Ministério, com a finalidade de apresentar proposta de readequação e modernização da tutela coletiva". Disponível em: http://www.camara.gov.br/proposicoesWeb/prop_mostrarintegra;jsessionid=07AB42628B4DEB39C635A467E8407B01.proposicoesWebExterno2?codteor=651669&filename=Tramitacao-PL+5139/2009. Acesso em: 2 jan. 2019.

Outro momento relevante em que se debateu a presença do processo coletivo no corpo do CPC/2015 foi em reunião na Câmara dos Deputados, sendo o assunto pautado Teori Zavaski.[155] Este sugeriu a possibilidade de inclusão da tutela coletiva no CPC/2015 como forma de lidar com a litigiosidade repetitiva, o que foi encarado com certa resistência pelos deputados.

O CPC/2015 teve sua elaboração baseada no texto do CPC/1973 que, conforme observamos mais profundamente no segundo capítulo deste trabalho, tem forte concepção individualista do processo. Essa semelhança chegou, inclusive, a ser criticada por diversos processualistas e, entre eles, Ada Pellegrini Grinover, que em entrevista à *ConJur* afirmou que essa característica ficou ainda mais acentuada durante a tramitação na Câmara dos Deputados. Segundo Grinover: "Não se trata de um novo Código de Processo Civil, é, na verdade, um aperfeiçoamento do Código de 1973 com algumas modificações".[156]

Incluir o processo coletivo no texto do código implicaria uma mudança ideológica relevante, relativizando a abordagem individualista dos conflitos. Desse modo, o trabalho envolvido para finalização da redação, conforme apontado pelo Deputado Vicente Arruda, poderia ser severamente aumentado. Nesse sentido, o debate travado na Câmara dos Deputados ilustra o momento em que é feita essa ponderação em relação às implicações práticas que uma mudança ideológica originaria:

> **TEORI ZAVASCKI:** Que novos mecanismos poderíamos agregar a esse Código? Eu disse, no início, que o projeto, em parte, sistematiza, mas deixou uma parte importante de fora. *O sistema de processo coletivo não foi contemplado no Código. Nele, esse projeto em si está fundado numa ideia*

[155] Zavaski sugeriu ainda que o novo código trate também das tutelas coletivas, hoje reguladas por leis diferentes. "Esse projeto ainda está fundamentado numa ideia individualista das controvérsias. O processo coletivo ainda vai ficar fora do código. Acho importante criarmos um livro do processo coletivo dentro desse projeto, onde pudéssemos agregar dentro do sistema mecanismos de tutelas coletivas que hoje estão em leis diferentes e nem sempre bem disciplinados", avaliou. O ministro analisa que as ações coletivas precisam estar no mesmo nível de importância das ações individuais. Disponível em: http://www2.camara.leg.br/camaranoticias/noticias/DIREITO-E-JUSTICA/203681-AGU-E-STJ-SUGEREM-AVANCOS-NO-PROCESSO-ELETRONICO-NO-NOVO-CPC.html. Acesso em: 12 jul. 2018.

[156] Disponível em: https://www.conjur.com.br/2012-out-21/entrevista-ada-pellegrini-grinover-processualista. Acesso em: 23 nov. 2018.

individualista das controvérsias. Então, o processo coletivo vai continuar fora do Código, vai aplicar o Código individualista subsidiariamente. Eu acho que já é tempo de imaginarmos que o sistema de coletivização da prestação jurisdicional não digo que se sobrepuje às controvérsias individuais, mas tem de estar pelo menos no mesmo nível. Se quisermos realmente fazer um Código que tenha ideias para vigorar por 10, 20, 30 ou 50 anos, temos de imaginar também o que acontecerá no futuro. *Quem tem experiência no dia a dia da atividade jurisdicional percebe como é importante encontrarmos mecanismos de solução coletiva de problemas, para não repetirmos milhares de vezes as mesmas demandas.* Então, eu acho importante agregarmos ao sistema o processo coletivo. No meu entender, talvez fosse importante criarmos um livro do processo coletivo, em que pudéssemos trazer para dentro do sistema esses mecanismos de tutela de direções individuais, de tutela coletiva de direitos individuais homogênicos *(sic)*, que hoje estão em leis esparsas e, às vezes, não bem disciplinadas. Então, eu acho que poderíamos aproveitar.
Deputado Vicente Arruda: [...] Ele entende que deveríamos, inclusive, criar um livro especial no Código, tratando dos processos coletivos, que, eu entendo, seriam os processos individuais homogênicos *(sic)*, os processos transindividuais. [...]. *Então, eu acho que seria um trabalho exaustivo, porque essas leis independentes são de tal monta e permeiam todo o sistema jurídico brasileiro que seria uma tarefa gigantesca, talvez maior do que a organização atual do Código — porque o Código, de qualquer maneira, teve a sua sistematização já a partir do Código anterior.*

TEORI ZAVASCKI: Sr. Deputado Vicente Arruda, V. Exa. tocou em dois pontos que já tinham sido tocados pelo Deputado Paes Landim, *que se situam justamente na área que eu diria que impõe uma mudança do perfil ideológico do processo*, que passa, no que se refere ao processo coletivo, dessa visão liberal e individualista que norteou o nosso tema processual até agora para um sistema diferente, um sistema que prevê tutela coletivizada. Certamente, V. Exa *tem toda razão quando diz que esse é um empreendimento de grande vulto, porque talvez essas decisões que impõem esse tipo de modificação ideológica sejam decisões que têm reflexos práticos mas que têm, sobretudo, uma importância política fundamental.* O Parlamento é que deve fazer isso. Acho, sim, que o processo coletivo, o subsistema de processo coletivo deveria hoje agregar tudo o que nós temos em termos de tutela que não seja essa tutela tradicional de resolver controvérsias individuais. Isso envolve a tutela dos direitos individuais homogêneos, todas as várias ações civis públicas que hoje estão em legislações variadas. Porque, na verdade, do ponto de vista processual, elas são muito parecidas. E, a rigor, quando se trata de direitos transindividuais, do ponto de vista instrumental elas não são muito diferentes do padrão do Código de Processo. Então, não há dificuldade do ponto de vista instrumental de agregar isso ao Código de Processo, no meu entender.

DEPUTADO SÉRGIO BARRADAS CARNEIRO: V. Exa. mencionou em sua palestra, e já respondeu ao Deputado Vicente Arruda, mas quero insistir: V. Exa. acha mesmo que devemos agregar o sistema coletivo ao novo CPC? V. Exa. deu o exemplo de uma sentença que obriga uma empresa a pagar determinado tributo, a empresa não faz a rescisória e depois o Supremo diz que o imposto não é devido. O projeto do novo CPC — não estou dizendo como vai ficar — prevê uma modulação da jurisprudência, ou seja, aquilo que for decidido a partir da sua sanção para a frente, não repercutindo no que já foi julgado. [...] *Quero apenas fazer uma defesa do trabalho que foi feito até aqui, porque essa questão, obviamente, já foi levantada em palestras passadas.* E, embora saibamos que V. Exa. está coberto de razão quando diz que é inevitável essa marcha do tempo, sugere apenas que o CPC já esteja do outro lado e vá puxar. Mas ele entra em vigência, digamos, no ano que vem e os que trabalharam nele até agora tiveram o cuidado de fazer um rito de transição com o Brasil real, nas profundezas do seu interior. Então, parece-me que aqueles que trabalharam nele até agora, não desprezando... Pelo contrário, quando V. Exa. falava, eu me animava. Concordo com V. Exa. Seria bom se ousássemos e pudéssemos já estabelecer a travessia. Mas me parece que os que trabalharam até agora tiveram o cuidado de fazer esse rito de transição, ainda que essas normas possam se tornar defasadas, cair em desuso num breve espaço de tempo. *Mas, fazendo a defesa dos que trabalharam até aqui, parece-me que*

> *eles tiveram o cuidado de fazer a transição para a realidade do Brasil atual.* [157] (grifo nosso)

Teori Zavascky, portanto, apresenta o processo coletivo como possível alternativa para lidar com a litigiosidade repetitiva, o que implicaria uma mudança ideológica do Código, que abandonaria a concepção estritamente individualista de solução de controvérsias em direção às soluções coletivas. Essa sugestão, conforme observada, é encarada com certa resistência, admitindo-se que o possível acréscimo da sistemática coletiva no código implicaria uma maior complexidade na elaboração. Não há menção, nesse momento, a barreiras ideológicas, mas sim o impedimento gerado por questões práticas de aumento de trabalho e possível desperdício de tudo que havia sido realizado e discutido até aquele momento com uma mudança supostamente grande nos alicerces do diploma legal.

No entanto, não se deve descartar a possibilidade de que a narrativa de que a inclusão do processo coletivo no Código implicaria em maior trabalho e dispêndio de tempo seja apenas fachada para interesses políticos nessa escolha.

Ainda com relação ao processo coletivo, outro achado de pesquisa consiste na menção na 1ª audiência pública do Senado Federal[158] realizada em Belo Horizonte, por Elpídio Donizetti.

> Nós vivemos hoje um grande paradoxo, acusam a Justiça de ser extremamente morosa, de não atender os fins a que se propôs [...], mas por outro lado, toda a população acorre ao Poder Judiciário, dá a impressão que de fato é a última trincheira de defesa dos direitos. Vão ao Judiciário por tudo. Hoje há uma litigiosidade aberta. Por outro lado, os empresários que detêm o poder econômico financeiro no país, acusam o Judiciário, ou a Justiça num sentido *lato,* de ser morosa e por isso embutir nos seus produtos o chamado custo Brasil, e esse custo

[157] Falas retiradas da reunião do dia 06/10/2011 na Câmara dos Deputados. Disponível em: http://www2.camara.leg.br/atividade-legislativa/comissoes/comissoes-temporarias/especiais/54a-legislatura/8046-10-codigo-de-processo-civil/documentos/controle-tramitacao-e-notas-taquigraficas. Acesso em: 23 ago. 2018.

[158] Disponível em: https://legis.senado.leg.br/diarios/BuscaDiario?codDiario=588#diario. Acesso em: 06 jun. 2018.

> estaria representado, sobretudo, pela morosidade do Poder Judiciário, uma vez que isso faz com que demore no recebimento de seus créditos. Mas esses mesmos empresários, esses mesmos detentores do poder econômico financeiro [...], não querem que o processo seja ágil, *falar num processo coletivo que seria capaz de por fim a milhões e milhões de demandas com a simples sentença do juiz, é como mostrar a cruz ao demônio a um empresário"*. (grifo nosso)

Essa fala traduz explicitamente a possível resistência de um grupo (empresários) ao processo coletivo. Ainda nesse sentido, é possível mencionar notícia divulgada pelo *site* Migalhas, com o título: "O caráter individualista do novo CPC e o alívio do setor produtivo":

> O setor empresarial comemorou o veto presidencial ao artigo do novo CPC que permitia ao magistrado transformar ações individuais em demandas coletivas. [...] *Mas se o referido veto foi motivo de lamentações pela magistratura, o mesmo não se pode dizer do setor empresarial, que comemorou, com razão, o veto presidencial, pois a coletivização de demandas individuais poderia trazer sérios riscos econômicos e processuais ao setor, ao encarecer os custos com processos judiciais em valores*, na maioria das vezes, inestimáveis, além de dificultar o exercício do direito de defesa, posto que na ação coletiva a produção de provas tenha uma dinâmica diferente das ações individuais. [159] (grifo nosso)

Essas falas não são suficientes para concluir que, de fato, há alguma forma de pressão desse setor no sentido de bloquear o processo coletivo no código, mas são indicativos de que há sim uma resistência em relação à sistemática por parte desse grupo, uma vez que o mencionado veto constituía um dos poucos dispositivos do CPC/2015 que fugia à lógica de solução individual de conflitos e visava à promoção da tutela coletiva nos casos em que identificada a repetição de demandas individuais idênticas. Conforme veremos em seguida, essa mesma resistência não pode ser encontrada em relação ao IRDR.

[159] Disponível em: https://www.migalhas.com.br/dePeso/16,MI218188,71043-O+carater+individualista+do+novo+CPC+e+o+alivio+do+setor+produtivo. Acesso em: 15 ago. 2018.

Ainda na 1ª audiência pública do Senado Federal,[160] Elpídio Donizetti afirma que a mesma resistência ao processo coletivo pode ser observada pelo governo brasileiro. Nesse sentido:

> O mesmo ocorre com o Governo Federal. Pode-ia ou poder-se-ia resolver numa só canetada todas as questões envolvendo um determinado tributo, uma determinada contribuição social, mas o *Governo, parece-me, que não tem interesse nessa celeridade da Justiça. E basta que edite uma lei sobre o processo coletivo capaz de resolver essas demandas, para que do dia para a noite editem uma medida provisória, e me refiro à Medida Provisória 2180, para retirar do processo coletivo todas as questões envolvendo tributo, Fundo de Garantia por Tempo de Serviço, contribuições sociais*, e isso obriga o cidadão a ir à Justiça, 200 milhões de pessoas, e isso entulha as prateleiras do Judiciário e entulham, sobretudo, as prateleiras da Justiça Federal. (grifo nosso)

A fala apresentada é clara ao apontar que limitações legislativas ao processo coletivo teriam sido resultado de interferências do Poder Executivo. Elpídio Donizetti apresenta mais de uma vez a sua insatisfação com essa questão e chega a ponderar se os trabalhos da Comissão seriam capazes de enfrentar o problema da litigiosidade de massa. E, diante de sua postura dissidente, Elpídio Donizetti chega a mencionar o receio de ser expulso da Comissão:

> E nós vivemos então esse grande paradoxo, e aqui estamos nós para reformar o Código de Processo Civil. E eu fico sempre indagando, e aqui confesso perante o Ministro, fico até com receio de que amanhã ele já edite um ato me excluindo da comissão, já que pode parecer que eu não acredito nos trabalhos que estão sendo realizados. Decerto que precisamos acertar alguns aspectos técnicos, afinal, a partir de 1973 são 64 leis alterando esse código. Eu fico em dúvida é se nós vamos atingir esse desiderato, seremos ágeis para atender os interesses, aos

[160] Disponível em: https://legis.senado.leg.br/diarios/BuscaDiario?codDiario=588#diario. Acesso em: 06 jun. 2018.

> reclamos da população? Atenderemos a um só tempo aos interesses de quem detêm o poder governamental ou o Poder Econômico? Como é que fica isso?[161]

A realidade é que são diversos indicativos ao longo dos debates de que o processo coletivo não seria bem-vindo no CPC/2015. No entanto, não foi possível individualizar essa pressão e resistência e nem afirmar que houve a participação de litigantes habituais no sentido de mobilizar forças políticas para barrar o processo coletivo. Isso não significa que essas pressões não tenham existido, sendo a comemoração ao veto do dispositivo de conversão de demandas individuais em coletivas um indicativo nesse sentido, mas simplesmente que os dados colhidos não permitem que se façam afirmações nesse sentido.

3.5.1. A conversão de demandas individuais em coletivas

Diante da resistência à sistemática coletiva no texto do CPC/2015, a inclusão de um dispositivo que se assemelhasse à técnica parece ter sido a estratégia escolhida para garantir, ao menos, algum caminho relativo à coletivização de demandas dentro do texto legal. Nesse sentido, a entrevista concedida ao *ConJur* pela professora Ada Pellegrini Grinover é esclarecedora:

> **ConJur** — A centralização de ações semelhantes em um juiz monocrático é uma solução pontada para resolver o maior número de processos, mas funciona para as ações repetitivas?
>
> **Ada Pellegrini** — *Conseguimos introduzir essa questão nesse substitutivo do Barradas, em uma tentativa de coletivização do processo.* O projeto prevê o incidente para julgar uma causa só e aplicar o julgamento as outras, mas nós queríamos a possibilidade de transformação de ações individuais em uma ação coletiva. Então, nós introduzimos dois dispositivos no novo texto: quando há repetição de diversas ações individuais com

[161] Disponível em: https://legis.senado.leg.br/diarios/BuscaDiario?codDiario=588#diario. Acesso em: 06 jun. 2018.

o mesmo objeto, o juiz notifica aquele que pode ajuizar uma Ação Civil Pública. Se ele quiser, a Ação Civil Pública vai absorver as ações individuais. E mais, quando se tratar de uma ação individual, que na verdade tem efeitos coletivos, como, por exemplo, nos casos de telefonia, o juiz transforma a ação individual em processo coletivo — já que ele vai ter que atingir da mesma maneira a todos que se encontram na mesma situação jurídica.

ConJur — O novo Código pode ter mais um livro para tratar sobre os processos coletivos?

Ada Pellegrini — Ainda há pessoas, principalmente no Poder Judiciário, no Superior Tribunal de Justiça, que gostariam que o Código tivesse mais um livro dedicado aos processos coletivos. Então, [*o jurista*] Athos Gusmão Carneiro, junto com o deputado Miro Teixeira, deve apresentar um substitutivo ao relatório do Barradas que vai tratar de processos coletivos em um livro separado. *Na última reunião que tivemos, prevaleceu a ideia de não tratar todo o processo coletivo no Código de Processo Civil, mas só das técnicas de coletivização das demandas individuais.*

ConJur — A quem caberia transformar a ação individual em ação coletiva?

Ada Pellegrini — Ao juiz, tanto em primeiro quanto em segundo grau. Atualmente, eles não podem fazer isso porque muda a causa de pedir, muda o pedido e deve haver uma regra expressa.[162] (grifo nosso)

A previsão de conversão das ações individuais em coletivas surgiu apenas na Câmara dos Deputados ausente, portanto, do anteprojeto redigido pela Comissão de Juristas do Senado Federal. Esse mecanismo foi incluído no texto

162 Disponível em: https://www25.senado.leg.br/web/atividade/materias/-/materia/97249. Acesso em: 7 maio 2018.

do Código por sugestão de Kazuo Watanabe,[163] previsto no artigo 333[164] do Substitutivo da Câmara dos Deputados.

O referido artigo, contudo, sofreu veto presidencial na fase final de elaboração do CPC/2015, a pedido da Advocacia Geral da União (AGU) com apoio da Ordem dos Advogados do Brasil (OAB). De acordo com a AGU:

> Da forma como foi redigido, o dispositivo poderia levar à conversão de ação individual em ação coletiva de maneira pouco criteriosa, inclusive em detrimento do interesse das partes. O tema exige disciplina própria para garantir a plena eficácia do instituto. Além disso, o novo Código já contempla mecanismos para tratar demandas repetitivas.[165]

De acordo com Luiz Fux:

> A conversão da ação individual em coletiva, inserida pela Câmara dos Deputados foi vetada a pedido da Advocacia Geral da União (AGU) que entrevia clara inconstitucionalidade em converter uma ação individual em coletiva, violando o preceito constitucional da inafastabilidade da jurisdição segundo o qual nenhuma lesão "individual" deverá escapar da apreciação do Judiciário, razão porque coletivizar

[163] "Acrescenta-se um novo capítulo, a dispor sobre a conversão da ação individual em ação coletiva. Acolhe-se a proposta de Kazuo Watanabe, no sentido de criar um incidente de transformação de ação pseudoindividuais em ações coletivas. Trata-se de técnica de racionalização da função jurisdicional e de prestígio à isonomia". Disponível em: http://www.camara.gov.br/proposicoesWeb/prop_mostrarintegra?codteor=1118247&filename=SBT-A+1+PL602505+%3D%3E+PL+6025/2005. Acesso em: 23 jun. 2018.

[164] Art. 333. Atendidos os pressupostos da relevância social e da dificuldade de formação do litisconsórcio, o juiz, a requerimento do Ministério Público ou da Defensoria Pública, ouvido o autor, poderá converter em coletiva a ação individual que veicule pedido que:
I – tenha alcance coletivo, em razão da tutela de bem jurídico difuso ou coletivo, assim entendidos aqueles definidos pelo art. 81, parágrafo único, incisos I e II, da Lei n. 8.078, de 11 de setembro de 1990 (Código de Defesa do Consumidor), e cuja ofensa afete, a um só tempo, as esferas jurídicas do indivíduo e da coletividade;
II – tenha por objetivo a solução de conflito de interesse relativo a uma mesma relação jurídica plurilateral, cuja solução, por sua natureza ou por disposição de lei, deva ser necessariamente uniforme, assegurando-se tratamento isonômico para todos os membros do grupo.

[165] Disponível em: http://legis.senado.leg.br/sdleg-getter/documento?dm=3350130&disposition=inline. Acesso em: 13 ago. 2018.

> a demanda individual encerra franca violação ao preceito da Carta Magna.[166]

O veto da presidenta ao dispositivo previsto no art. 333 do CPC/2015 foi lamentado pela Associação dos Magistrados Brasileiros (AMB) que, por meio de seu presidente à época – João Ricardo Costa – mencionou que "o processo civil brasileiro ainda atua de forma individual, nós não temos um instrumento coletivo para as grandes violações de direito e não temos um processo coletivo efetivo que possa dar a resposta necessária para a sociedade". O setor empresarial, por outro lado, comemorou o veto,[167] conforme visto anteriormente.

O único dispositivo relativo ao processo coletivo que permaneceu no CPC/2015 foi o artigo 139, inciso X, que prevê a possibilidade de o juiz oficiar o Ministério Público e a Defensoria Pública, entre outros legitimados, para promoverem ação coletiva, nos casos em que é identificada a repetição de demandas individuais idênticas.

3.5.2. Incidente de Resolução de Demandas Repetitivas

A ideia de inclusão de um novo mecanismo de julgamento de demandas repetitivas por amostragem surgiu ainda no âmbito da Comissão de Juristas do Senado Federal, por sugestão de Paulo Cezar Pinheiro Carneiro.

A ideia de que o IRDR é trazido como uma solução à litigiosidade de massa e, consequentemente, à falta de celeridade e segurança jurídica é recorrente durante todas as etapas de elaboração do Código. Nesse sentido:

> Aprovada no fim do ano passado pelo Senado, a proposta busca agilizar a tramitação das ações civis. Nesse sentido, cria um mecanismo chamado "incidente de resolução de ações repetitivas", que permitirá a aplicação da mesma sentença a todas as causas que tratem de questão jurídica idêntica. Pela legislação atual, cada ação é analisada de

166 Disponível em: https://www.jota.info/justica/as-explicacoes-de-fux-para-os-vetos-ao-novo-cpc-17032015. Acesso em: 13 ago. 2018.

167 Disponível em: http://www.migalhas.com.br/dePeso/16,MI218188,71043-O+carater+individualista+do+novo+CPC+e+o+alivio+do+setor+produtivo. Acesso em: 15 ago. 2018.

maneira autônoma, o que aumenta o trabalho do juiz com casos iguais e multiplica decisões diferentes sobre o mesmo direito.[168]

Na 6ª Reunião da Comissão de Juristas do Senado Federal:[169]

> **SR. JANSEN FIALHO DE ALMEIDA**: [...] *Primeiro, bom a finalidade desse incidente, na prática, pelo que eu vislumbrei, é forçar o julgamento rápido de ações repetitivas ao STJ e Supremo.* Correto? Porque vai suspender todos.
>
> **SR. PRESIDENTE MINISTRO LUIZ FUX**: Vai. É isso mesmo. (grifo nosso)

A elaboração do Código teve início em 2009, logo após a criação das leis, que instauraram os mecanismos de julgamento de Recursos Especiais Repetitivos no STJ e a Repercussão Geral no STF. Havia, portanto, grande expectativa da capacidade dessa técnica em reduzir os acervos dos tribunais e, assim, garantir maior celeridade nos julgamentos. Nesse sentido, Luiz Fux afirmou:[170]

> O ministro do Supremo Tribunal Federal (STF) Luiz Fux afirmou que o projeto do novo Código de Processo Civil (PL *8046/10*) ataca as três principais mazelas do processo civil atual: o excesso de formalidades, a proliferação de recursos e a resolução das ações de massa. Fux disse que a aprovação do novo código poderá resultar, por exemplo, *na diminuição de até 70% do tempo de tramitação de ações consideradas repetitivas.* (grifo nosso)

[168] Disponível em: http://www2.camara.leg.br/camaranoticias/noticias/DIREITO-E-JUSTICA/193575-TRAMITA-NA-CAMARA-PROPOSTA-DO-NOVO-CODIGO-DE-PROCESSO-CIVIL.html. Acesso em: 23 maio 2018.

[169] Disponível em: https://legis.senado.leg.br/diarios/BuscaDiario?codDiario=529#diario. Acesso em: 3 jun. 2018.

[170] Disponível em: http://arquivo.edemocracia.camara.leg.br/web/codigo-de-processo-civil/andamento-do-projeto#.XIqaI8bOp-U. Acesso em: 12 jan. 2019.

E ainda:

> Agência Câmara — O Conselho Nacional de Justiça (CNJ) divulgou dados alarmantes sobre o afogamento do Judiciário. Mais de metade dos processos que tramitaram na Justiça no ano passado ficaram parados. O projeto pode ajudar a resolver essa falha? Barradas Carneiro — Pelos dados do CNJ, de cada 10 processos 7 não têm solução durante o mesmo ano. Esse projeto pode ir ao encontro de alguns instrumentos já existentes, *como a repercussão geral e as súmulas. Há, por exemplo, a novidade do instituto de resolução das demandas repetitivas, ou seja, a possibilidade de se solucionar as ações ainda entre o primeiro e o segundo grau.* Ou seja, ações com o mesmo teor, com o mesmo conteúdo, como ações sobre contratos de telefonia, não precisariam esperar recorrer até o STJ para a decisão final. Na medida em que um juiz constatar a demanda repetitiva, ele, as partes, o defensor público ou o Ministério Público poderão enviar essa questão para o segundo grau, para que a decisão do Tribunal de Justiça do estado seja aplicada a todas as ações iguais. Esse é um dos exemplos de que o projeto facilita a vida das pessoas. (grifo nosso)

Em geral, os debates relativos ao IRDR vieram acompanhados de ampla aceitação dos participantes da elaboração do CPC, inclusive juristas que participaram das audiências públicas no Senado Federal e na Câmara dos Deputados.

> **SR. LEONARDO JOSÉ CARNEIRO DA CUNHA:** Então eu ressalto aqui, como ponto positivo, e me permito começar ressaltando o ponto positivo do relatório, a simplificação procedimental, que me parece uma boa medida, e a preocupação com a solução uniforme para essas causas repetitivas. A ideia de criar um incidente coletivo para soluçar, me parece uma ideia muito interessante, e o fortalecimento da unificação da jurisprudência.

Em um dos poucos momentos em que se pondera sobre possíveis efeitos negativos que a técnica poderia gerar, ressalta-se a necessidade de fixação de um prazo para o julgamento do caso paradigma:

> "Precisamos discutir melhor, por exemplo, o incidente de demandas repetitivas, que foi importado da Alemanha e tem sido questionado naquele país", analisa o juiz federal Gláucio Ferreira Maciel Gonçalves, coordenador da Comissão de Acompanhamento das Reformas da Legislação Processual Civil da Associação dos Juízes Federais do Brasil (Ajufe).
>
> A Ordem dos Advogados do Brasil (OAB) também propõe mudanças no mecanismo para análise de demandas repetitivas. "É importante disciplinar que a análise do incidente não possa superar o prazo de seis meses", defende o secretário-geral do Conselho Federal da OAB, Marcus Vinícius Furtado Coelho. O texto em análise permite a prorrogação do prazo para as instâncias superiores resolverem qual decisão será aplicada às ações repetitivas. Enquanto não houver decisão superior, a ação fica congelada.

Outro ponto relevante sobre o IRDR consiste na emenda que estabeleceu a possibilidade de atuação de *amicus curiae* no julgamento dos incidentes de resolução de demandas repetitivas. Trata-se de um mecanismo de fortalecimento da participação e exercício do contraditório, que foi visto por alguns como uma inovação negativa e prejudicial à segurança jurídica:

> O representante da Confederação Nacional da Agricultura (CNA), Carlos Horbach, destacou a insegurança jurídica que pode ser causada se acatada a emenda que permite que sejam aceitos os amici curiae – ou "amigos da Corte", que são entidades que tenham representatividade adequada para se manifestar nos autos sobre questão de direito pertinente à causa. Os amici curiae não são partes dos processos, pois atuam apenas como interessados.
>
> Horbach explicou que, caso essa emenda seja acatada, *qualquer ação poderia se tornar coletiva* e, portanto, demorada, sobretudo em casos como posse de terra, ações que afetem direitos do consumidor ou outros direitos que podem ser ampliados. *Ele também questionou a ideia de que, em conflitos coletivos de posse, o Ministério Público seja acionado para defender pessoas vulneráveis e de baixa renda. O representante da CNA afirmou que esse papel é da Defensoria Pública e que o MP deve*

defender o interesse público, que nem sempre estaria do lado das pessoas de baixa renda.[171]

Segundo o representante da Confederação Nacional da Agricultura, portanto, a participação de *amici curiae* no IRDR coloca em risco a segurança jurídica porque "qualquer ação poderia se tornar coletiva". Uma das críticas que se faz o IRDR é justamente o déficit de representação e a dificuldade em exercer o contraditório pelas partes sobrestadas. A possibilidade de atuação como *amicus curiae* consiste no único caminho possível para que essas partes atuem no julgamento do caso paradigma, que afetará diretamente a solução de suas controvérsias. A fala ainda é muito significativa ao demonstrar o temor da coletivização das ações com a participação de *amicus curiae*, demonstrando, mais uma vez, a resistência do setor produtivo em relação à possibilidade de apreciação coletiva de conflitos.

Em suma, algumas justificativas foram identificadas na leitura do material para a criação dessa nova técnica: (i) enfoque dos legisladores na perspectiva gerencial do processo, caracterizada pela preocupação em promoção celeridade e segurança jurídica; (ii) expectativa relativa à repercussão geral e aos recursos especiais repetitivos na época; (iii) possível vácuo normativo em relação ao processo coletivo;[172] (iv) a resistência ao processo coletivo e, ao mesmo tempo, a necessidade de adereçar a questão da litigiosidade repetitiva.

[171] Disponível em: http://www2.camara.leg.br/camaranoticias/noticias/DIREITO-E--JUSTICA/206137-PRAZO-PARA-EMENDAS-AO-NOVO-CODIGO-DE-PROCESSO--CIVIL-PODE-SER-PRORROGADO.html. Acesso em: 13 maio. 2018.

[172] A Medida Provisória n. 2180-35/2001, por exemplo, afasta a possibilidade de ajuizamento de ação civil pública para tratar de pretensões relativas a tributos, contribuições previdenciárias e o Fundo de Garantia do Tempo de Serviço (FGTS) ou demais fundos de natureza institucional cujos benefícios podem ser individualmente determinados. Ou seja, demandas repetitivas que tratem desses temas ficariam sem tratamento específico, restando apenas a via do processo individual.

CONSIDERAÇÕES FINAIS

O objetivo principal da presente obra consistiu em observar como os legisladores brasileiros vêm lidando com o fenômeno que ficou conhecido como a Crise do Judiciário. Causada por diversos fatores, esta crise tem como um de seus elementos a proliferação de demandas idênticas, fato que ficou conhecido como litigiosidade repetitiva. Diversas foram as iniciativas no sentido de mitigar os efeitos negativos provocados pelo surgimento de milhares de demandas idênticas, que incluiriam a dispersão de decisões diferentes para casos essencialmente iguais, a superlotação do Judiciário e, consequentemente, sua morosidade.

Mais especificamente, a ideia principal foi observar o processo legislativo de elaboração do Código de Processo Civil de 2015 a fim de compreender como foram feitas as escolhas políticas e que disputas regeram essas escolhas em relação ao tratamento da litigiosidade repetitiva.

Nesse sentido, a pergunta que se buscou responder foi: por que as técnicas de julgamento de casos repetitivos – especificamente o Incidente de Resolução de Demandas Repetitivas – foram preferidas pelo legislador ao invés do aprimoramento da tutela coletiva e sob qual justificativas?

Esta pergunta se justifica na medida em que o Brasil tem desde 1985 legislação que prevê a tutela coletiva, que foi ampliada para casos individuais homogêneos com o advento do Código de Defesa do Consumidor. Nesse sentido, a litigiosidade repetitiva poderia contar com um instrumento para o enfrentamento de seus efeitos negativos, já delineado e aplicado no direito brasileiro, o que dispensaria a criação de novos mecanismos para lidar com a questão.

Algumas hipóteses foram traçadas e que poderiam explicar essa opção política: (i) a perspectiva adotada pelo Código concentra-se no aspecto de gerenciamento de processos; (ii) há mais resistência para inovações relacionadas ao processo coletivo do que ao processo individual; (iii) a possível resistência às inovações relacionadas ao processo coletivo seria promovida por litigantes habituais.

A ideia de que se partiu para elaboração das hipóteses foi de que a concepção de acesso à justiça adotada pelos legisladores afeta diretamente suas escolhas políticas e prioridades dentro do Código. Além disso, partiu-se da ideia de que haveria possivelmente maior dificuldade de implementação de mudanças no sentido de aprimorar a tutela coletiva do que em desenhar novos instrumentos de caráter individualista para lidar com a questão da litigiosidade repetitiva. A terceira hipótese surge como um desdobramento da segunda, e parte da ideia de que seria interessante aos litigantes habituais barrar avanços na tutela coletiva justamente porque mitigaria suas vantagens estratégicas dentro do processo.

A fim de responder à pergunta de pesquisa e testar as hipóteses delineadas, a metodologia utilizada foi a análise de documental de atas de reuniões das comissões responsáveis pela elaboração do CPC/2015, atas de audiências públicas, notícias sobre o tema, o texto do anteprojeto, substitutivos e emendas. A partir da leitura desses documentos, algumas categorias foram criadas e diversos foram os achados de pesquisa.

Em primeiro lugar, o que se percebe do processo legislativo do CPC/2015 é o fato de a ampliação do acesso à justiça nas últimas décadas ter sido encarada por muitos como a causadora da crise do Judiciário. Nesse sentido, foram diversos os momentos em que a ampliação do acesso à justiça, principalmente a partir da promulgação da Constituição Federal em 1988, é apontada como responsável pela superlotação do Judiciário e que o excesso de processos seria proveniente de uma "litigiosidade exacerbada" da sociedade brasileira, que seria muito beligerante.

Esse diagnóstico trazido pelos personagens participantes da elaboração do Código não é o mesmo obtido a partir de dados de pesquisas relativas ao uso da Justiça no Brasil. Conforme observamos no primeiro capítulo, poucos são os atores responsáveis pela grande maioria dos conflitos judicializados no país, enquanto parcelas da população encontram-se afastadas da Justiça.

Ou seja, o uso da Justiça pelo brasileiro se dá de forma desigual, o que mostra que a ampliação de acesso à justiça não garantiu pleno acesso a toda a população, mas sim a poucos atores que frequentemente se utilizam de serviços judiciais, enquanto outra parcela da população ainda permanece à margem das cortes.

O problema desse diagnóstico, utilizado como premissa para as alterações legislativas, é de que ele dificulta o debate em relação à perspectiva de entrada no Judiciário. Nos poucos momentos em que se discutiu a distribuição de acesso à justiça, a criação de filtros de acesso aos litigantes que abusam da possibilidade de utilizar o Judiciário foi vista com relutância pelos legisladores, sob o argumento de que uma limitação ao acesso seria malvista politicamente. No entanto, foram raros os momentos em que os legisladores trataram sobre obstáculos de acesso encarados por grande parte da população ainda hoje (falta de informação, distância geográfica, custo, etc.), o que aconteceu apenas de forma incidental, quando houve a ponderação entre maior celeridade e segurança jurídica em relação às garantias como contraditório e ampla defesa.

A realidade é que o acesso à justiça no CPC/2015 foi encarado apenas a partir da sua perspectiva "de saída". Ou seja, a preocupação dos legisladores concentrava-se na promoção de celeridade e segurança jurídica, que foram as tônicas do novo Código, garantindo maior agilidade nos julgamentos e maior racionalidade ao sistema como um todo. Em diversos momentos pudemos observar que o objetivo principal da elaboração do CPC/2015 consistia justamente na superação do problema da lentidão do judiciário, o que seria alcançado com a diminuição do número de processos. Além disso, buscava-se garantir maior estabilidade da jurisprudência, garantindo maior certeza ao sistema de justiça brasileiro.

Isso ficou claro quando, ao momento de definir os obstáculos a serem enfrentados pela reforma, os membros da comissão elencaram: a burocracia; excesso de processos (em especial, litígios de massa) e o excesso de recursos. É possível, portanto, afirmar que a conotação de acesso à justiça adotada pelos legisladores responsáveis pela elaboração do CPC/2015 dialoga diretamente com a concepção ligada à eficiência do Judiciário, presente também na EC 45/2004. Em outras palavras, a preocupação é garantir que quem entra no Judiciário tenha seu processo resolvido com maior agilidade e certeza.

O problema dessa perspectiva é que os atores que, em geral, utilizam os serviços judiciais representam apenas um setor muito restrito da sociedade brasileira. Ou seja, a reforma legal acaba privilegiando aqueles que já têm seu acesso garantido, deixando de se concentrar nas dificuldades daqueles à margem do sistema de justiça brasileiro.

A primeira hipótese do trabalho, portanto, pode ser confirmada, tendo em vista o claro tom gerencial adotado pela reforma e a preocupação com o acesso à justiça voltada para essa perspectiva. A partir dessa hipótese, fica mais fácil compreender como foram tomadas as demais decisões dentro do processo legislativo de elaboração do CPC/2015.

Em relação à possível resistência ao processo coletivo, alguns motivos foram utilizados pelos legisladores para justificarem as poucas alterações promovidas pelo Código em relação ao tema. A primeira delas seria a existência de um projeto de lei que criaria um Código de Processo Coletivo (PLS 5.139/2009). O projeto, no entanto, foi rejeitado no início de 2010, quando ainda estavam no início os debates de elaboração do anteprojeto do CPC/2015. Diante da rejeição apontada, juristas sugeriram, no âmbito das audiências públicas que discutiam o anteprojeto do CPC/2015, a possibilidade de aproveitamento do PLS 5.139/2009 no texto do novo Código.

O que se observou, no entanto, foi uma forte resistência até mesmo ao termo "coletivo". O próprio IRDR, que inicialmente se chamava Incidente de Coletivização, teve seu nome alterado. Diversos são os momentos em que os legisladores mencionam a impossibilidade política de inclusão da tutela coletiva no texto do Código, seja pelo risco de não aprovação do projeto, como por possibilidade dos indivíduos que a capitaneassem perderem sua própria influência política dentro do espaço legislativo.

É possível identificar, ainda, a justificativa de que o CPC/73 teria sido utilizado como base para o CPC/2015 e, portanto, acrescentar mudanças no sentido de aprimorar a tutela coletiva exigiria grandes mudanças na concepção do Código em si – que é individualista – o que exigiria tempo e trabalho de que não dispunham os legisladores.

A realidade é que a resistência à tutela coletiva é visível durante toda a elaboração do CPC/2015 em diversos momentos, em falas de diversos atores diferentes. Paralelamente, no entanto, é possível identificar também a grande aceitação em relação ao IRDR. Em suma, de acordo com falas identificadas durante os debates, a técnica seria capaz de lidar com a litigiosidade repetitiva e seria mais palatável politicamente do que o aprimoramento da tutela coletiva.

O IRDR, nos debates legislativos, surge como uma solução viável para a garantia de celeridade e segurança jurídica. Ao mesmo tempo, havia certa empolgação em relação aos institutos da repercussão geral e do julgamento de recursos especiais repetitivos, mecanismos instalados poucos anos antes e que se mostravam, até então, eficientes no sentido de controlar o número de processos que deveriam ser julgados pelos órgãos superiores. Destaque-se que o debate em relação ao acesso à justiça em se tratando do IRDR girou em torno da necessidade de combate à superlotação e à morosidade do Judiciário, bem como da falta de isonomia que, em se tratando de litigiosidade repetitiva, adquire especial relevância, já que ações idênticas poderiam receber tratamentos distintos, assim como ocorreu durante as discussões sobre a tramitação da EC 45/2004 (ALMEIDA e CUNHA, 2012, p. 361-386), conhecida como Reforma do Judiciário, e que implementou os institutos da repercussão geral e da súmula vinculante, na tramitação do projeto do novo Código.

Outro ponto relevante em relação aos espaços ocupados pelo IRDR e pela tutela coletiva dentro do Código diz respeito a um dos dispositivos vetados do Código. Tratava-se da conversão de demandas individuais em coletivas, que constituía um dos poucos dispositivos a fugir da lógica individualista do processo. O veto ocorreu a pedido da OAB e da AGU, sendo comemorado pelo setor empresarial.

Não foi possível falsear a terceira hipótese delineada, que apontava os litigantes habituais como responsáveis pela mobilização contrária ao processo coletivo dentro do Código. Os documentos analisados não nos permitem identificar e isolar essa participação, apesar de oferecerem indícios de que a tutela coletiva, de fato, incomoda alguns setores. É o que apontam as notícias relativas à comemoração do veto presidencial à conversão de ações individuais em coletivas.

O que se observa do processo legislativo do CPC/2015, portanto, é a manutenção da lógica eficientista, que preza pela garantia de celeridade e previsibilidade do sistema de justiça e que vem sendo a tônica das reformas judiciais nas últimas décadas, promovendo medidas que visam, antes de qualquer outra finalidade, o melhor gerenciamento de processos. O IRDR se encaixa melhor nessa lógica do que o processo coletivo, uma vez que seu objetivo principal é justamente a garantia de mais isonomia e previsibilidade, além de prometer oferecer maior celeridade no julgamento de demandas idênticas.

Outro ponto relevante sobre a elaboração do Código e que é válido mencionar é a falta do uso de dados para a elaboração das alterações legislativas. São poucos os momentos em que pesquisas empíricas são citadas ou observadas. As conclusões e os diagnósticos que regeram a reforma estavam desacompanhados de dados que os embasassem. Desacompanhada de dados empíricos ou estudos que pudessem confirmar as afirmações feitas pelos participantes do processo legislativo, o que se observa é que as reformas brasileiras continuam sendo conduzidas de forma desconectada da observação da realidade brasileira, diagnosticada por meio das pesquisas empíricas.

A dogmática processual se mostra insuficiente para oferecer respostas aos problemas a serem enfrentados no sentido de garantir uma melhor prestação jurisdicional. Recorrer à pesquisa e, em especial, à pesquisa empírica, torna-se necessidade urgente para que as reformas sejam pensadas em consonância com o contexto brasileiro e possam, de fato, responder às demandas de forma mais adequada e precisa.

Além disso, há que se retomar o debate tanto em relação ao que entendemos por acesso à justiça, como a qual tipo de acesso estamos promovendo pelas reformas recentes. A inversão de lentes trazida pela Sociologia, que observa o acesso à justiça a partir da perspectiva do usuário, pode ser muito útil nesse sentido. A interdisciplinaridade deve ser estimulada, permitindo que possamos observar as questões relativas ao direito a partir de outras perspectivas.

REFERÊNCIAS

ABI-CHAHINE, Paula Aparecida. *O problema da litigiosidade de massa: análise crítica acerca das técnicas que conferem repercussão coletiva ao julgamento de demandas individuais*. 2015. Dissertação (Mestrado em Direito) – Faculdade de Direito, Universidade de São Paulo, 2015.

ALMEIDA, Frederico de. *A nobreza togada*: as elites jurídicas e a política da Justiça no Brasil. Tese (Doutorado em Ciências Políticas). Universidade de São Paulo, 2010.

ALMEIDA, Frederico de. Intelectuais e reforma do Judiciário: os especialistas em direito processual e as reformas da justiça no Brasil. *Revista Brasileira de Ciência Política*, Brasília, n. 17, p. 209-246, maio/ago. 2015.

ALMEIDA, Frederico de; CUNHA, Luciana Gross. Reforma do Judiciário brasileiro. *In:* SCHAPIRO, Mario G.; TRUBEK, David M. (org.) *Direito e desenvolvimento um diálogo entre os BRICs*. São Paulo: Saraiva; FGV-Direito SP, 2012. Disponível em: https://search.ebscohost.com.sbproxy.fgv.br/login.aspx?direct=true&db=cat03467a&AN=bkabsp.000086205&lang=pt-br&site=eds-live. Acesso em: 25 fev. 2019.

ALMEIDA, Gregório Assagra de. *Codificação do direito processual coletivo brasileiro*: análise crítica das propostas existentes e diretrizes para uma nova proposta de codificação. Belo Horizonte: Del Rey, 2007.

ALVES, Gustavo Silva. *Ações coletivas e casos repetitivos*: a vinculação das decisões no processo coletivo. Salvador: Juspodivm, 2018.

ALVIM, José Eduardo Carreira. Recursos especiais repetitivos: mais uma tentativa de desobstruir os tribunais. *Revista de Processo*, São Paulo, v. 162, 2008.

AMARAL, Guilherme Rizzo. Efetividade, segurança massificação e proposta de um "incidente de resolução de demandas repetitivas". *Revista de Processo*, v. 196, p. 237-274, jun. 2011.

ANDRIGHI, Fátima Nancy. Recursos repetitivos. *Revista de Processo*, São Paulo, v. 35, n. 185, p. 265-281, jul. 2010.

ARIDA, Persio; BACHA, Edmar; LARA-RESENDE, André. Credit, interest and jurisdictional uncertainty: conjectures on the case of Brazil. *In:* GIAVAZZI; GOLDFAJN, HERRERA (org.). *Inflation, targeting, debt and the Brazilian experience:* 1999 to 2003, Cambridge, MA: MIT Press, 2005.

ASPERTI, Maria Cecília de Araújo. *Meios consensuais de resolução de disputas repetitivas*: a conciliação, a mediação e os grandes litigantes no Judiciário. 2014. Dissertação (Mestrado em Direito) – Faculdade de Direito, Universidade de São Paulo, 2014.

ASPERTI, Maria Cecília de Araújo. *Acesso à justiça e técnicas de julgamento de casos repetitivos.* 2018. Tese (Doutorado em Direito) – Faculdade de Direito, Universidade de São Paulo, 2018.

ASSOCIAÇÃO DOS MAGISTRADOS BRASILEIROS. O uso da Justiça e o litígio no Brasil, 2015. Disponível em: https://www.conjur.com.br/dl/uso-justica-litigio-brasil-pesquisa-amb.pdf. Acesso em: 24 mar. 2020.

AZEVEDO, Julio de Camargo. O microssistema do processo coletivo: uma análise feita à luz das tendências codificadoras. *Revista Eletrônica de Direito Processual – REDP*, v. 8, n.8, 2011. Disponível em: http://www.esmp.sp.gov.br/revista_esmp/index.php/RJESMPSP/article/viewFile/43/26. Acesso em: 8 dez. 2018.

BECKER, Flavia Gil Nusenbaum. *Incidente de Resolução de Demandas Repetitivas*: um estudo à luz do princípio da igualdade. 2017. Dissertação (Mestrado em Direito) – Faculdade de Direito, Universidade de São Paulo, 2017.

BENJAMIN, Antonio Herman Vasconcellos. *A insurreição da aldeia global contra o processo civil clássico*: apontamentos sobre a opressão e a libertação judiciais do meio ambiente e do consumidor. *Ação civil pública: Lei*, 7. 1995. Disponível em: https://bdjur.stj.jus.br/jspui/bitstream/2011/8688/A_Insurreição_da_Aldeia_Global.pdf. Acesso em: 24 mar. 2020.

BORBA, Joselita Nepomuceno. *Efetividade da tutela coletiva.* São Paulo: LTr, 2008.

BRASIL. CONGRESSO NACIONAL. CÂMARA DOS DEPUTADOS. Comissão Especial, destinada a proferir parecer a proferir parecer ao Projeto de Lei n. 6025, de 2005, ao Projeto de Lei n. 8046, de 2010, ambos do Senado Federal, e outros, que tratam do "Código de Processo Civil" (revogam a Lei nº 5.869, de 1973). Atas da 1ª a 18ª Reunião. *Diário da Câmara dos Deputados*, Brasília.

BRASIL. CONGRESSO NACIONAL. SENADO FEDERAL. *Código de Processo Civil:* anteprojeto/Comissão de Juristas Responsável pela Elaboração de Anteprojeto de Código de Processo Civil. Brasília: Senado Federal, Presidência, 2010a.

BRASIL. CONGRESSO NACIONAL. SENADO FEDERAL. Notas taquigráficas. Audiências Públicas e Reuniões sobre o Projeto de Lei 166/2010. *Reforma do Código de Processo Civil.* Brasília: Senado Federal, 08/06/2010, 2010b.

BRASIL. *Lei n. 13.105,* 16 de março de 2015. Código de Processo Civil. Brasília, DF, 17 de março de 2015. *Diário Oficial da República Federativa do Brasil.* Disponível em: http://www.planalto.gov.br/ccivil_03/_ato2015-2018/2015/lei/l13105.htm. Acesso em: 24 mar. 2020.

BUENO, Cassio Scarpinella. Amicus curiae *no processo civil brasileiro*: um terceiro enigmático. São Paulo: Saraiva, 2008.

CAPPELLETTI, Mauro. Access to Justice as a Theoretical Approach to Law and a Practical Programme for Reform. *South African Law Journal,* v. 109, p. 22-39, 1992.

CAPPELLETTI, Mauro; GARTH, Bryant. *Acesso à justiça.* Tradução de Ellen Gracie Northfleet. Porto Alegre: Sergio Antonio Fabris Editor, 1998.

CARNEIRO, Paulo Cezar Pinheiro. *Acesso à justiça*: Juizados Especiais Cíveis e Ação Civil Pública: uma nova sistematização da teoria geral do processo. Rio de Janeiro: Forense, 2003.

CAVALCANTI, Marcos de Araújo. *O incidente de resolução de demandas repetitivas e as ações coletivas.* Salvador: Juspodvm, 2015.

CINTRA, Antonio Carlos de Araujo; GRINOVER, Ada Pellegrini; DINAMARCO, Cândido Rangel. *Teoria geral do processo.* São Paulo: Malheiros, 2011.

CINTRA, Roberto Ferrari de Ulhôa. *A pirâmide da solução dos conflitos.* Brasília: Senado Federal, 2008.

CONJUR. Ação Civil Pública refém do patrimonialismo. Disponível em: https://www.conjur.com.br/2010-abr-17/acao-civil-publica-perpetuacao-patrimonialismo-brasileiro. Acesso em: 12 set. 2018.

CONSELHO NACIONAL DE JUSTIÇA (CNJ). *Os 100 maiores litigantes,* 2012. Disponível em: https://www.cnj.jus.br/wp-content/uploads/2011/02/100_maiores_litigantes.pdf. Acesso em: 08 jun. 2020.

CONSELHO NACIONAL DE JUSTIÇA (CNJ). *Justiça em números 2018 ano-base 2017.* Brasília: CNJ, 2016. Disponível em: http://www.cnj.jus.br/files/conteudo/arquivo/2018/09/8d9faee7812d35a58cee3d92d2df2f25.pdf. Acesso em: 08 jun. 2020.

COSTA, Susana Henriques da. *O processo coletivo na tutela do patrimônio público e da moralidade administrativa.* São Paulo: Quartier Latin, 2009.

COSTA, Susana Henriques da. STF e os filtros ao acesso à Justiça: gestão processual ou vantagem ao grande litigante? Disponível em: https://bibliotecadigital.fgv.br/dspace/bitstream/handle/10438/17445/STF_e_os_filtros_ao_acesso_%c3%a0_Justi%c3%a7a_gest%c3%a3o_processual_ou_vantagem_ao_grande_litigante.pdf?sequence=1&isAllowed=y. Acesso em: 5 jan. 2018.

CUNHA, Leonardo José Carneiro da. O regime processual das causas repetitivas. *Revista de Processo,* São Paulo. v. 35, n. 179, jan. 2010.

CUNHA, Leonardo José Carneiro da. Anotações sobre o incidente de resolução de demandas repetitivas previsto no Projeto do Novo Código de Processo Civil. *Revista de Processo,* São Paulo, v. 36, n.193, p. 258, mar. 2011.

CUNHA, Luciana Gross Siqueira. *Juizado especial*: criação, instalação, funcionamento e a democratização do aceso à justiça. São Paulo: Saraiva, 2008.

CUNHA, Luciana Gross Siqueira; BUENO, Rodrigo de Losso da Silveira; OLIVEIRA, Fabiana Luci de; SAMPAIO, Joelson Oliveira; RAMOS, Luciana de Oliveira; PIERI, Renan Gomes de; CAVALIERI, Cristina de Jesus Costa. *Relatório Índice de Confiança na Justiça (ICJBrasil) referente ao 1º semestre de 2017.* São Paulo: Escola de Direito de São Paulo da Fundação Getúlio Vargas, 2017.

DANTAS, Bruno. Teoria dos recursos repetitivos: tutela pluri-individual nos recursos dirigidos ao STF e ao STJ (arts. 543-B e 543-C do CPC). *Denver University Law Review,* n. 66, p. xi-xiv, 1989.

DIDIER JR., Fredie; ZANETI JR., Hermes. Ações coletivas e os incidentes de julgamento de casos repetitivos – espécies de processo coletivo no Direito brasileiro. *In*: *Julgamentos de casos repetitivos* – grandes temas do NCPC. Salvador: Juspodivm, 2017, p. 181-191.

DINAMARCO, Cândido Rangel. Decisões vinculantes. *Revista de Processo,* São Paulo, v. 25, n. 100, p. 166-185, out./dez., 2000.

FALCÃO, Joaquim. Cultura jurídica e democracia: a favor da democratização do Judiciário. *In*: LAMOUNIER, Bolivar *et al. Direito, cidadania e participação.* São Paulo: Tao, 1981.

FALCÃO, Joaquim. *Conflito de direito de propriedade*: invasões urbanas. Rio de Janeiro: Forense, 1984.

FARIA, José Eduardo Santos. *Direito e justiça*: a função social do Judiciário. São Paulo: Ática, 1989.

FARIA, José Eduardo Santos. *O Estado e o direito depois da crise*. São Paulo: Saraiva, 2011.

FARIA, José Eduardo Santos. O sistema brasileiro de justiça: experiência recente e futuros desafios. *Estudos Avançados*, São Paulo, v. 51, n. 18, p. 103-125, 2004.

FELSTINER, William L. F.; RICHARD, L. Abel; AUSTIN, Sarat. The emergence and transformation of disputes: naming, blaming, claiming. *Law and Society Review*, v. 15, n. 3/4, Special Issue on Dispute Processing and Civil Litigation, p. 631-654, 1980.

FERRAZ, Léslie Shérida; GABBAY, Daniela Monteiro; ECONOMIDES, Kim; ALMEIDA, Frederico; ASPERTI, Maria Cecília de Araújo; CHASIN, Ana Carolina; COSTA, Susana Henriques da; CUNHA, Luciana Gross; LAURIS, Élida e TAKAHASHI, Bruno. Mesa de Debates. Repensando o acesso à justiça: velhos problemas, novos desafios. *Revista de Estudos Empíricos em Direito*, v. 4, n. 3, p. 174-212, out. 2017.

FISS, Owen. *Um novo processo civil*: estudos norte-americanos sobre Jurisdição, Constituição e sociedade. Coord. da tradução de Carlos Alberto de Salles. Tradução de Daniel Porto Godinho da Silva e Melinda de Medeiros Rós. São Paulo: Editora Revista dos Tribunais, 2004.

FRANCISCO, João Eberhardt. *Filtros ao acesso individual à justiça:* estudo sobre o incidente de resolução de demandas repetitivas. Tese (Doutorado em Direito). Universidade de São Paulo, 2018.

GABBAY, Daniela Monteiro; ASPERTI, Maria Cecília; COSTA, Susana Henriques da. Are the haves getting even more ahead than ever? Reflections on the political choices concerning access to justice in Brazil in the search of a new agenda. *FGV Direito SP Research Paper Series*, n. 158, 2017.

GABBAY, Daniela Monteiro; CUNHA, Luciana Gross Siqueira (coord.). *Litigiosidade, morosidade e litigância repetitiva*: uma análise empírica. São Paulo: Saraiva, 2013. (DIREITO FGV, Série Direito e Desenvolvimento).

GABBAY, Daniela Monteiro; SILVA, Paulo Eduardo Alves da; ASPERTI, Maria Cecília; COSTA, Susana Henriques da. Why the "haves" come out ahead in Brazil? revisiting speculations concerning repeat players and one-shooters in the Brazilian litigation setting., *FGV Direito SP Research Paper Series*, n. 141, 2016.

GALANTER, Marc. Why the "haves" come out ahead: speculations on the limits of legal change. *Law & Society Review*, v. 9, n. 1, p. 95-160, 1974.

GALANTER, Marc. Case congregations and their careers. *Law & Society Review*, v. 9, n. 1, p. 95-160, 1990.

GALANTER, Marc. Access to justice in a world of expanding social capability. *Fordham Urban Law Journal*, v. 37, n. 1, p. 115-122, 2010.

GALDIANO, José Eduardo Berto. *Técnica de julgamento de recursos repetitivos pelo Supremo Tribunal Federal e pelo Superior Tribunal de Justiça*. 2014. Dissertação (Mestrado em Direito) – Faculdade de Direito, Universidade de São Paulo, 2014.

GARCÍA, Ana Montesinos *et al*. *Repensando o acesso à Justiça no Brasil*: estudos internacionais. Aracaju: Evocati, 2016.

GARTH, Bryan G.; WEISNER, John; KOCH, Klaus-Friederich. *Access to Justice*. Edited by Mauro Cappelletti. Vol. 4. Sitjhoff e Noordhoff, 1978.

GOZZOLI, Maria Clara; CIANCI, Mirna; CALMON, Petrônio; QUARTIERI, Rita (coord.). *Em defesa de um novo sistema de processos coletivos: estudos em homenagem a Ada Pellegrini Grinover*. São Paulo: Saraiva, 2010.

GRINOVER, Ada Pellegrini. O tratamento dos processos repetitivos. *In*: JAYME, Fernando Gonzaga; FARIA, Juliana Cordeiro de; LAUAR, Maira Terra (org.). *Processo civil*: novas tendências – homenagem a Humberto Theodoro Junior. Belo Horizonte: Del Rey, 2008.

GRINOVER, Ada Pellegrini. A Ação Civil Pública refém do autoritarismo. *Revista de Processo*, ano 24, n. 96, p. 28-36, out./dez. 2009. São Paulo: Revista dos Tribunais.

GUIMARÃES, Amanda de Araújo. *Incidente de Resolução de Demandas Repetitivas*: soluções e limites. Dissertação (Mestrado em Direito). 2017. Faculdade de Direito, Universidade de São Paulo, 2017.

HAMMERGREN, Linn. *Fifteen years of judicial reform in Latin America*: where we are and why we haven't made more progress. Disponível em: www.uoregon.edu, 1999.

HAMMERGREN, Linn. *Uses of empirical research in refocusing judicial reforms*: lessons from five countries. Washington D.C.: World Bank, 2002. Disponível em: http://biblioteca.cejamericas.org/bitstream/handle/2015/3703/uses-empirical.pdf?sequence=1&isAllowed=y. Acesso em: 08 jun. 2020.

HAMMERGREN, Linn. *Criminal justice reform*: human rights, crime control, and other unlikely bed fellows. *In*: *Envisioning reform*: improving judicial performance in Latin America. The Pennsylvania State University Press, 2007.

HAMMERGREN, Linn. Uso de la investigación empírica para el reenfoque de las reformas judiciales: lecciones desde cinco países. *Revista de Ciencias Sociales América Latina Hoy*, n. 39, 2004. Disponível em: http://iberoame.usal.es/americalatinahoy/index.htm.

JUNQUEIRA, Eliane Botelho. Acesso à Justiça: um olhar retrospectivo. *Revista Estudos Históricos*, n. 18, 1996.

LIEBMAN, Enrico Tullio. *Manual de direito processual civil*. Tradução de Cândido Rangel Dinamarco. 2. ed. Rio de Janeiro: Forense, 1985.

MANCUSO, Rodolfo de Camargo. *Divergência jurisprudencial e súmula vinculante*. São Paulo: Revista dos Tribunais, 2007.

MANCUSO, Rodolfo de Camargo. *Acesso à Justiça*: condicionantes legítimas e ilegítimas. São Paulo: Revista dos Tribunais, 2011.

MANCUSO, Rodolfo de Camargo. *Interesses difusos*: conceito e legitimação para agir. São Paulo: Revista dos Tribunais, 2013.

MARINONI, Luiz Guilherme. *Incidente de resolução de demandas repetitivas*: decisão de questão idêntica x precedente. *São Paulo: Revista dos Tribunais*, 2016.

MARINONI, Luiz Guilherme. *Precedentes obrigatórios*. São Paulo: Palestra Editores, 2013.

MATTEI, Ugo. *Access to justice*: a renewed global issue? *Electronic Journal of Comparative Law*, n. 3, p. 1-25, 2007.

MENDES, Aluisio Gonçalves de Castro. *Incidente de resolução de demandas repetitivas, sistematização, análise e interpretação do novo instituto processual*. Rio de Janeiro: Forense, 2017.

MENDES, Aluisio Gonçalves de Castro. Anteprojeto de código brasileiro de processos coletivos. *In*: GRINOVER, Ada Pellegrini; CASTRO, Aluisio Gonçalves; WATANABE, Kazuo (org.). *Direito processual coletivo e o anteprojeto do código brasileiro de processos coletivos*. São Paulo: Revista dos Tribunais, 2007.

MINISTÉRIO DA JUSTIÇA. *Tutela judicial dos interesses metaindividuais ações coletivas*. Brasília, 2007.

MIRANDA, Andrea Pimentel. *O julgamento de recursos especiais repetitivos pelo Superior Tribunal de Justiça*: uma análise empírica da crise de representatividade do litigante eventual.

Trabalho de conclusão da graduação do curso de Direito na Faculdade de Direito da Universidade de São Paulo, 2015.

MOREIRA, José Carlos Barbosa. Ações Coletivas na Constituição de 1988. *Revista de Processo*, n. 61, p. 187-200, jan./mar., 1991.

MOREIRA, José Carlos Barbosa. Tutela jurisdicional dos interesses coletivos ou difusos. *Revista de Processo*, São Paulo, ano 10, n. 39, p. 55-77, jul./set. 1985.

NORTH, Douglass. *Institutions and their consequences for economic performance*. Cambridge: Cambridge University Press, 1990. p

OLIVEIRA, Fabiana Luci de. *Justiça em foco*: estudos empíricos. Rio de Janeiro: Editora FGV, 2012.

PAULA, Jônatas Luiz Moreira. *História do direito processual brasileiro*: das origens lusas à Escola Crítica do Processo. Barueri: Manole, 2002.

REFOSCO, Helena Campos. *Ação coletiva e democratização do acesso à Justiça*. São Paulo: Quartier Latin, 2018.

RENAULT, Sérgio Rabello Tamm; BOTTINI, Pierpaolo (coord.). *Reforma do Judiciário*: comentários à Emenda Constitucional n. 45/2004. São Paulo: Saraiva, 2005.

RODOVALHO, Maria Fernanda de Toledo. *A reforma do Estado após a Emenda Constitucional 45/04*: a reforma do Poder Judiciário. 2012. Tese (Doutorado em Administração Pública e Governo) – Escola de Administração de Empresas de São Paulo da Fundação Getúlio Vargas, 2012.

RODRIGUES, Marcelo Abelha. Técnicas individuais de repercussão coletiva x técnicas coletivas de repercussão individual. Por que estão extinguindo a ação civil pública para a defesa de direitos individuais homogêneos? *In*: MILARÉ, Édis. *A ação civil pública após 30 anos*. São Paulo: Revista dos Tribunais, 2015.

RODRIGUES, Ruy Zoch. *Ações repetitivas*: casos de antecipação de tutela sem o requisito de urgência. São Paulo: Revista dos Tribunais, 2010.

ROQUE, André Vasconcelos. Ações coletivas e procedimentos para a resolução de casos repetitivos: qual o espaço destinado a cada um? *In*: DIDIER JR., Fredie; CUNHA, Leonardo Carneiro da (coord.). *Julgamento de casos repetitivos*. Salvador: Juspodium, 2016.

SADEK, Maria Tereza. Judiciário: mudanças e reformas. *Estudos Avançados*, v. 18, n. 51, p. 79-101, ago. 2004.

SADEK, Maria Tereza; ARANTES, Rogério Bastos. A crise do Judiciário e a visão dos juízes. *Revista USP*, n. 21, 30 maio 1994, p. 34-45.

SANTOS, Alvaro. The World's Bank uses of the "Rule of Law" promise in economic development. *In*: TRUBEK, David; SANTOS, Alvaro (org.). *The new law and economic development*: a critical appraisal. Cambridge: Cambridge University Press, 2011.

SANTOS, Boaventura de Sousa. Gerenciamento de processos e cultura da litigância: a experiência do "case management" inglês. *In*: SALLES, Carlos Alberto de (coord.). *As grandes transformações do Processo Civil brasileiro* – homenagem Kazuo Watanabe. São Paulo: Quartier Latin, 2009.

SANTOS, Boaventura de Sousa. *Para uma revolução democrática da Justiça*. Coimbra: Almedina, 2015.

SANTOS, Boaventura de Sousa. *Pela mão de Alice* – o social e o político na pós-modernidade. São Paulo: Leya, 2013.

SANTOS, Boaventura de Sousa; MARQUES, Maria Manuel Leitão; PEDROSO, João. Os tribunais nas sociedades contemporâneas. *Revista Brasileira de Ciências Sociais*, São Paulo, v. 11, n. 30, fev., 1996.

SANTOS, Wanderley Guilherme dos. *Razões da desordem*. Rio de Janeiro: Rocco, 1993.

SHIHATA, Ibrahim F. *The World Bank in a Changing World: Selected Essays and Lectures*. Vol 2. Martinus Nijhoff Publishers, 1995.

SHIMURA, Sérgio Seiji. *Tutela coletiva e sua efetividade*. São Paulo: Método, 2006.

SICA, Heitor Vitor Mendonça Fralino. Congestionamento viário e congestionamento judiciário: reflexões sobre a garantia de acesso individual ao Poder Judiciário. *Revista de Processo*, São Paulo, v. 39, n. 236, p. 13-26, 2014.

SILVA, Paulo Eduardo Alves da. *Gerenciamentos de processos judiciais*. São Paulo: Saraiva, 2010.

SMULOVITZ, Catalina; URRIBARRI, Daniela. *Poderes Judiciales en América Latina*: entre la administración de aspiraciones y la administracíon del derecho. IFHC/CIEPLAN, 2008.

TALAMINI, Eduardo. A dimensão coletiva dos direitos individuais homogêneos: ações coletivas e os mecanismos previstos no Código de Processo Civil de 2015. *In*: DIDIER JR., Fredie; CUNHA, Leonardo Carneiro da. *Julgamento de casos repetitivos*. Salvador: Juspodivm, 2017. v. 10. (Grandes Temas do NCPC).

TEMER, Sofia. *Incidente de resolução de demandas repetitivas.* Salvador: Juspodivm, 2016.

THE WORLD BANK. *Initiatives in legal and judicial reform.* Washington, D.C.: The World Bank, 2002.

THEODORO JÚNIOR, Humberto; NUNES, Dierle José Coelho; BAHIA, Alexandre Gustavo Melo Franco. Breves considerações sobre a politização do Judiciário e sobre o panorama de aplicação no Direito brasileiro: análise de convergência entre o *civil law* e o *common law* e dos problemas da padronização decisória. *Revista de Processo*, São Paulo, v. 35, n. 189, p. 9-52, nov. 2010.

TRUBEK, David M. The handmaiden's revenge: on reading and using the newer sociology of civil procedure. *Law and Contemporary Problems.* v. 51, n. 4, p. 111-134, 1988.

TRUBEK, David M.; GALANTER, Marc. Scholars in Self-estrangement: Some reflections on the crisis in law and development studies in the United States. *Wisconsin Law Review*, 1974.

TRUBEK, David M; SANTOS, Alvaro. *The new law and economic development*: a critical appraisal. New York: Cambridge University, 2006.

U.S. SUPREME COURT, *Cary v. Curtis,* 44 U.S. 3 How. 236 236, 1845. Disponível em: https://supreme.justia.com/cases/federal/us/44/236/. Acesso em: 08 jun. 2020.

U.S. SUPREME COURT, *Lessee of Pollard's Heirs v. Kibbe,* 39 U.S. (14 Pet.) 353, 1840. Disponível em: https://supreme.justia.com/cases/federal/us/39/353/. Acesso em: 08 jun. 2020.

VENTURI, Elton. O problema conceitual da tutela coletiva: a proteção dos interesses ou direitos difusos, coletivos e individuais homogêneos segundo o projeto de lei n. 5139/2009. *In*: GOZZOLI, Maria Clara; CIANCI, Mirna; CALMON, Petrônio; QUARTIERI, Rita (coord.). *Em defesa de um novo sistema de processos coletivos*: estudos em homenagem a Ada Pellegrini Grinover. São Paulo: Saraiva, 2010. p. 171-207.

WATANABE, Kazuo. Acesso à justiça e sociedade moderna. *In*: DINAMARCO, Cândido Rangel; GRINOVER, Ada Pellegrini; WATANABE, Kazuo. *Participação e processo.* São Paulo: Revista dos Tribunais, 1988.

WATANABE, Kazuo. Relação entre demandas coletivas e demandas individuais. *In*: GRINOVER, da Pellegrini; MENDES, Aluisio Gonçalves de Castro; WATANABE, Kazuo (coord.). *Direito processual coletivo e anteprojeto de Código Brasileiro de Processos Coletivos.* São Paulo: Revista dos Tribunais, 2007.

WATANABE, Kazuo. *Acesso à Ordem Jurídica Justa (Conceito atualizado de acesso à justiça)* – processos coletivos e outros estudos. Belo Horizonte: Del Rey, 2019.

ZAVASCKI, Teori Albino. *Processo coletivo*: tutela de direitos coletivos e tutela coletiva de direitos. São Paulo: Revista dos Tribunais, 2017.

APÊNDICES

Apêndice A – Notas Taquigráficas das Reuniões e Audiências Públicas da Comissão de Juristas do Senado Federal

Reuniões

1ª Reunião: 30 de novembro de 2009. Disponível em: https://legis.senado.leg.br/diarios/BuscaDiario?codDiario=11#diario. Publicado no DSF. p. 542- 611.

2ª Reunião: 14 de dezembro de 2010. Disponível em: https://legis.senado.leg.br/diarios/BuscaDiario?codDiario=2462#diario. Publicado no DSF. p. 6506-6587.

3ª Reunião: 23 de fevereiro de 2010 (Ata Circunstanciada). Disponível em: https://legis.senado.leg.br/diarios/BuscaDiario?codDiario=210#diario. Publicado no DSF. p. 9681-9684.

4ª Reunião: 8 de março de 2010 (Ata Circunstanciada). Disponível em: https://legis.senado.leg.br/diarios/BuscaDiario?codDiario=210#diario. Publicado no DSF. p. 9743-9746.

5ª Reunião: 18 de março de 2010. Disponível em: https://legis.senado.leg.br/diarios/BuscaDiario?codDiario=529#diario. Publicado no DSF. p. 20703-20771.

6ª Reunião: 23 de março de 2010. Disponível em: https://legis.senado.leg.br/diarios/BuscaDiario?codDiario=529#diario. Publicado no DSF. p. 20771-20825.

7ª Reunião: 30 de março de 2010. Disponível em: https://legis.senado.leg.br/diarios/BuscaDiario?codDiario=529#diario. Publicado no DSF. p. 20825-20915.

8ª Reunião: 12 e 13 de abril de 2010. Disponível em: https://legis.senado.leg.br/diarios/BuscaDiario?codDiario=529#diario. Publicado no DSF. p. 20915-21185.

9ª Reunião: 21 de abril de 2010. Disponível em: https://legis.senado.leg.br/diarios/BuscaDiario?codDiario=529#diario. Publicado no DSF p. 21185-21329.

10ª Reunião: 22 de abril de 2010. Disponível em: https://legis.senado.leg.br/diarios/BuscaDiario?codDiario=588#diario. Publicado no DSF. p. 28033-28159.

11ª Reunião: 23 de abril de 2010. Disponível em: https://legis.senado.leg.br/diarios/BuscaDiario?codDiario=588#diario. Publicado no DSF. p. 28159-28227.

12ª Reunião: 27 e 28 de abril de 2010. Disponível em: https://legis.senado.leg.br/diarios/BuscaDiario?codDiario=588#diario. Publicado no DSF p. 28227-28436.

13ª Reunião: 10 de maio de 2010. Disponível em: https://legis.senado.leg.br/diarios/BuscaDiario?codDiario=589#diario. Publicado no DSF. p. 28701-28765.

14ª Reunião (Ata Circunstanciada): Disponível em: https://legis.senado.leg.br/diarios/BuscaDiario?codDiario=3236#diario. Publicado no DSF. p. 59406-59408.

Audiências Públicas

1ª Audiência Pública: 26 de fevereiro de 2010 – Belo Horizonte/MG. Disponível em: https://legis.senado.leg.br/diarios/BuscaDiario?codDiario=588#diario.

2ª Audiência Pública: 05 de março de 2010 – Fortaleza/CE. Não foi possível identificar a ata.

3ª Audiência Pública: 11 de março de 2010 – Rio de Janeiro/RJ. Não foi possível identificar a ata.

4ª Audiência Pública: 18 de março de 2010 – Brasília/ DF. Disponível em: https://legis.senado.leg.br/diarios/BuscaDiario?codDiario=588#diario. Publicado no DSF. p. 27972-28001.

5ª Audiência Pública: 26 de março de 2010 – São Paulo/SP. Disponível em: https://legis.senado.leg.br/diarios/BuscaDiario?codDiario=529#diario. Publicado no DSF. p. 21329-21366.

6ª Audiência Pública: 9 de abril de 2010 – Amazonas/AM. Disponível em: https://legis.senado.leg.br/diarios/BuscaDiario?codDiario=588#diario. Publicado no DSF. p. 28001-28033.

7ª Audiência Pública: 15 de abril de 2010 – Porto Alegre/RS. Disponível em: https://legis.senado.leg.br/diarios/BuscaDiario?codDiario=529#diario. Publicado no DSF. p. 21366-21402.

8ª Audiência Pública: 16 de abril de 2010 – Curitiba/PR. Disponível em: https://legis.senado.leg.br/diarios/BuscaDiario?codDiario=529#diario. p. 21402-21437.

Apêndice B – Notas Taquigráficas das Reuniões e Audiências Públicas da Comissão Especial do Senado Federal

1ª Reunião: 04 de agosto de 2010. Disponível em: https://legis.senado.leg.br/diarios/BuscaDiario?codDiario=2376#diario. p. 44184-44186 do DSF.

2ª Reunião: 11 de agosto de 2010. Disponível em: https://legis.senado.leg.br/diarios/BuscaDiario?codDiario=2971#diario. p. 55003-55017 do DSF.

3ª Reunião: Disponível em: https://legis.senado.leg.br/diarios/BuscaDiario?codDiario=2971#diario. p. 55017-55033.

4ª Reunião: Disponível em: https://legis.senado.leg.br/diarios/BuscaDiario?codDiario=2971#diario. p. 55033-55048 do DSF.

5ª Reunião: Disponível em: https://legis.senado.leg.br/diarios/BuscaDiario?codDiario=2971#diario. p. 55048-55072 do DSF.

6ª Reunião: Disponível em: https://legis.senado.leg.br/diarios/BuscaDiario?codDiario=2971#diario. p. 55072-55098 do DSF.

7ª Reunião: Disponível em: https://legis.senado.leg.br/diarios/BuscaDiario?codDiario=2971#diario. p. 55098-55121 do DSF.

8ª Reunião: Disponível em: https://legis.senado.leg.br/diarios/BuscaDiario?codDiario=2971#diario. p. 55121-55141 do DSF.

9ª Reunião: Disponível em: https://legis.senado.leg.br/diarios/BuscaDiario?codDiario=2971#diario. p. 55141-55161 do DSF.

10ª Reunião: Disponível em: https://legis.senado.leg.br/diarios/BuscaDiario?codDiario=2971#diario. p. 55161-55179 do DSF.

11ª Reunião: Disponível em: https://legis.senado.leg.br/diarios/BuscaDiario?codDiario=2971#diario. p. 55179-55210 do DSF.

12ª Reunião: Disponível em: https://legis.senado.leg.br/diarios/BuscaDiario?codDiario=2971#diario. p. 55210-55235.

13ª Reunião: Disponível em: https://legis.senado.leg.br/diarios/BuscaDiario?codDiario=2971#diario. p. 55236-55250 do DSF.

14ª Reunião: Disponível em: https://legis.senado.leg.br/diarios/BuscaDiario?codDiario=3236#diario. p. 59406-59409 do DSF.

15ª Reunião: Disponível em: https://legis.senado.leg.br/diarios/BuscaDiario?codDiario=3236#diario. p. 59409 do DSF.

Apêndice C – Participantes das Audiências Públicas no Senado Federal

Data	Local	Participantes
26/10/2010	Belo Horizonte	Renato Luiz, Juiz de Direito; Marcelo Malheiros Cerqueira, Procurador Federal da AGU; Luis Cláudio da Silva Chaves da OAB-MG; José Anchieta da Silva, do Instituto dos Advogados de Minas Gerais; Raimundo Cândido Júnior, Conselheiro Federal da OAB; Fernando Botelho; Alessandro Silveira, advogado; Renata Vieira Maia, advogada e professora da UFOP; Luciano Souto, professor; Fernando Gonzaga, advogado; Marco Paulo Bellutti, Defensor Público; Alexandre Quintino, Juiz de Direito; Teresa Cristina Baracho, professora da UFMG; Agnaldo Rodrigues Pereira, Juiz de Direito; Rosemiro Pereira Leal, professor; Edo Carlos Nogueira Silva, estagiário; Luciana Nepomuceno, professora da PUC-MG Hebe-Del Kader Bicalho, Oficial da Justiça Federal; Dierle Nunes, professor; Gláucio Ferreria Maciel Gonçalves, Juiz Federal; Ivanir César Ireno Junior, Juiz Federal; Fernando Gonzaga Jayme Dhenis C. Madeira Bernardo Câmara; Desembargadora Electra Benevides – TJMG; Desembargador Paulo Henrique Moritz Martins da Silva – TJMG, representando a AMB. Membros da Comissão de Juristas do Senado Federal presentes: Luiz Fux, Elpídio Donizetti Nunes e José Miguel Garcia Medina.
05/03/2010	Fortaleza	Professor Fredie Didier, Doutor em Direito Processual Civil; Professor Mantovani Colares Cavalcante, Juiz de Direito; Professor Marcelo Guerra, Juiz do Trabalho; Dr. Leonardo José Carneiro da Cunha, professor de processo civil; Dr. Valdetário Andrade Monteiro, Presidente OAB-CE; Dr. Francisco de Assis Filgueira, Desembargador; Dr. Jorge Bheron Rocha, da Defensoria Pública do Ceará; Dra. Isabel Cecília de Oliveira Bezerra, advogada da União; Dr. Tiago Brandão de Almeida, Juiz de Direito e representante da AMB; Professor José Adriano Pinto, da UFCE; Dr. Silton Bezerra, Procurador Federal; Dr. Alberto Belchior Moreno Maia, advogado; Dr. João Batista Fernandes, Oficial de Justiça; Dr. Hélio Wiston, advogado; Dr. Mauro Xavier de Souza, Oficial de Justiça; Dr. Isaac Sousa Oliveira, Oficial de Justiça; Dr. José Mário dos Martins Coelho, Desembargador; Des. Ernani Barreira Porto, Presidente do TJCE. Membros da Comissão de Juristas do Senado Federal presentes: José Miguel Garcia Medina, Teresa Arruda Alvim Wambier, Marcus Vinícius Furtado Coelho e Benedito Cerezzo Pereira Filho.

11/03/2010	Rio de Janeiro	Desembargador Luis Zweiter, presidente do TJ/RJ; Dr. Marcelo Fontes; Professor Leonardo Greco; Wadih Damous, Presidente OAB-RJ; Desembargador Alexandre Câmara, TJRJ; Desembargador Benedicto Abicair, presidente da AMAERJ; Dr. Bruno Garcia Redondo, advogado; Desembargador Antônio Azevedo Pinto, TJRJ; Carlos Alberto Barros, Presidente do Sindicato dos Leiloeiros Dra. Letícia Mello, advogada; Dr. José Geraldo da Fonseca, Desembargador Federal do Trabalho, TRT 1ª; Desembargador Roberto de Abreu e Silva, TJRJ; Desembargador Nagib Slaibi Filho, TJRJ; Dr. Gustavo Nogueira, advogado; Dr. Nilson Bruno Filho, Defensor Público; Dr. Paulo Cesar Negrão de Lacerda, Procurador da Fazenda; Dr. Ronaldo Campos e Silva, Procurador da Fazenda, Representando a Procuradoria Geral da Fazenda Nacional; Dr. Elísio Quintino, advogado; Dr. Joaquim José Teixeira Castelón, Oficial de Justiça, Presidente da FENA- SOJAF; Dr. José Anchieta da Silva, advogado, representando o Colégio de Presidentes dos Institutos dos Advogados do Brasil; Dr. Iago Brandas de Almeida, Juiz de Direito do TJPI, representando a AMB; Dr. Gilberto Seradid, advogado; Dr. Guilherme Luis Quaresma Santos, advogado; Dr. Renato Rabe, advogado; Dra. Nádia de Araújo, Procuradora de Justiça do RJ e professora; Dr. Aloísio Mendes, Juiz Federal. Membros da Comissão de Juristas do Senado Federal presentes: Luiz Fux, Teresa Arruda Alvim Wambier, Benedito Cerezzo Pereira Filho e Paulo Cezar Pinheiro Carneiro.

18/03/2010	Brasília	Senador Renato Casagrande; Senador Romeu Tuma; Deputado Michel Temer, Presidente da Câmara dos Deputados; Deputado Federal Arlindo Chinaglia; Deputado Federal Sérgio Barradas Carneiro, Procurador Parlamentar; Deputado Robson Rodovalho, Vice-Presidente da CCJ da Câmara dos Deputados; Desembargador Arnoldo Camanho, de Assis do TJDF; Desembargador Federal Antônio Souza Prudente; Desembargador Frederico Ricardo de Almeida do Tribunal de Justiça de Pernambuco; Desembargador Paulo Henrique da Silva do Tribunal de Justiça de Santa Catarina; Desembargador Souza Prudente, do Tribunal de Justiça do Distrito Federal; Alexandre Gianni Dutra Ribeiro, Associação dos Defensores Públicos do Distrito Federal; Candice Lavocat Galvão Jobim, Juíza Federal; Cláudio Xavier Filho, Procurador da Fazenda Nacional; Fabrício da Soller, Procurador da Fazenda Nacional; Flávia Martins Afonso, da Advocacia-Geral da União; Isabela Marques, Advocacia-Geral da União, representante da Casa Civil; Jeferson Carús Guedes, Advocacia-Geral da União; João Batista de Figueiredo, Procurador da Fazenda Nacional; Joaquim José Teixeira, Federação Nacional dos Oficiais de Justiça; José Anchieta da Silva, Presidente do Instituto dos Advogados de Minas Gerais; Luiz Carlos Levenzon, representante do Presidente da OAB Nacional; Luiz Carlos Michele Fabre, Procurador do trabalho; Luiz Henrique Volpe Camargo, Senado Federal; Ricardo Traback, advogado; Rodrigo Pereira Martins Ribeiro, Advocacia-Geral da União; Rudi Meira Cassel, advogado da Cassel e Carneiro Associados; Suzana de Moraes Bruno, Professora da UNIPLAN; Thiago Luís Sombra, Procurador do Estado de São Paulo; Tiago Brandão, Juiz do Tribunal de Justiça do Estado do Piauí. Membros da Comissão de Juristas do Senado Federal presentes: Luiz Fux (Presidente), Teresa Arruda Alvim Wambier, relatora, Benedito Cerezzo Pereira Filho, Bruno Dantas, Elpídio Donizetti Nunes, Jansen Fialho de Almeida, José Miguel Garcia Medina, Marcus Vinícius Furtado Coelho, e Paulo César Pinheiro Carneiro.

26/03/2010	São Paulo	José Norberto Campelo, Conselho Federal da OAB; Marcos Fábio de Oliveira, Procurador-Geral do Estado de São Paulo; Professora Ada Pellegrini Grinover, Doutora em Direito; Professor Arnold Wald Filho, Doutor em Direito; Professor José Manoel de Arruda Alvim Netto, Doutor em Direito Processual Civil; Professor Kazuo Watanabe, Doutor em Direito; Petrônio Calmon, Procurador de Justiça do DF e dos Territórios; Cláudio Pedrassi, Juiz de Direito do TJ/SP; Ricardo de Barros Leonel, Promotor de Justiça de São Paulo; Paulo Guilherme Lopes, advogado e professor de Processo Civil da PUC/SP; Soleni Sônia Tozze, representando o Procurador-Geral da Fazenda Nacional; Luiz Roberto Sabbato, Desembargador do TJSP; Senador Romeu Tuma; Reinaldo Velloso dos Santos; Fernando Cordeiro da Luz, advogado; Luiz Fernando Valadão Nogueira, do Instituto dos Advogados de MG; Arystóbulo de Oliveira Freitas, advogado, Vice-Presidente da Associação dos Advogados de SP; Jair Rodrigues Cândido de Abreu, advogado; Hélio Rubens Batista Ribeiro Costa, Diretor Secretário do Instituto dos Advogados de São Paulo; Cássio Scarpinella Bueno, Professor universitário da PUC/SP; Willian Santos Ferreira, advogado e professor universitário; Glauco Gumerato Ramos, advogado e professor Direito Processual Civil; Luís Antônio Giampaulo Sarro, advogado e Procurador do Município de São Paulo; Elaine Guadanucci Llaguno, advogada da União, representando a AGU; André de Freitas Iglesias; Márcia Maria Barreta Fernandes Semer, Procuradora do Estado de SP. Membros da Comissão de Juristas do Senado Federal presentes: Ministro Luiz Fux (Presidente), Teresa Arruda Alvim Wambier (Relatora), Benedito Cerezzo Pereira Filho e José Roberto dos Santos Bedaque.

04/2010	Manaus	Senador Jeferson Paraia (PDT-AM); Deputada Federal Rebecca Garcia; Desembargador Lupercínio de Sá Nogueira Filho, representando o Poder Judiciário de Roraima; Dr. Ariosto Lopes Braga Neto, Defensor Público, Professor do Centro Uni. Nilton Lins; Dr. Aristófanes Castro Filho, advogado, ex-Presidente da Ordem do Amazonas; Dr. Cássio André Borges, Juiz de Direito; Dr. Cássio Vieira, advogado; Dr. Cristovam Luz; Dr. Daniel Fábio Jacob Nogueira, advogado; Dr. Divaldo Martins da Costa, Juiz de Direito; Dr. Edmilson, da Costa Barreiro Júnior, Procurador da República; Dr. Elci Simões Oliveira, Magistrado; Dr. Fábio Mendonça, Presidente da OAB do Amazonas; Dr. Jean Cleuter Simões, Conselheiro Federal da OAB/AM; Dr. José Alfredo Andrade, Ex-Conselheiro Federal da Ordem; Dr. Marcelo Augusto Albuquerque da Cunha, Procurador; Dr. Marcos Aldenir Rivas; Dr. Mário Fernandes da Costa Júnior; Dr. Olavo Antônio de Oliveira, Oficial de Justiça, Avaliador Federal; Dra. Omara Oliveira de Gusmão, Procuradora da Fazenda Nacional; Dr. Rafael Vinheiro Monteiro Barbosa, Mestre em Direito Processual Penal pela PUC-SP e professor universitário; Dr. Thiago Braga Dantas; Dr. Vítor Fonseca, Promotor de Justiça.

15/04/2010	Porto Alegre	Dr. Athos Gusmão Carneiro; Desembargadora Elaine Harzheim Macedo; Professor José Maria Rosa Tescheiner, Dr. Antônio Janyr Dall'agnol Jr.; João Ricardo dos Santos Costa, Presidente da Ajuris Ricardo Schmidt, Diretor da Escola Superior da Magistratura; Aderbal Torres de Amorim, advogado; Fernanda de Souza Moreira, Defensora Pública do Estado, representando a Associação dos Defensores Públicos do Rio Grande do Sul; Ceres Linck dos Santos, Associação Gaúcha dos Advogados do Direito Imobiliário Empresarial; Dr. Artur Alves da Motta, Procurador Regional da Fazenda Substituto; Dr. Clóvis Juarez Kemmerich, Procurador Federal; André Soares Menegat, representante do Sindilei; Maria Marli Heck, professora; Jose Bernardo Ramos Boeira, advogado e professor da PUC-RS; Vinícius Maciel, advogado; Roselaine dos Santos Esmerio Chiavenato, advogada; Leonardo Serrat de Oliveira Ramos, estudante; Filipe Camilo Dall'alba, Procurador Federal; Patrícia Trunfo, advogada da União; Guilherme Azem, Procurador Federal; Darci Guimarães Ribeiro, advogado e professor Universitário; Paulo Sergio Costa da Costa, Oficial de Justiça; Marcelo Rodrigues Ortiz, Presidente da Associação dos Oficiais de Justiça Avaliadores Federais no Estado do RS; Fabio Ramos Bittencourt, Oficial de Justiça e Vice-Presidente da ACOJ; Mauro Broges Loch, advogado; Irani Mariani, advogado; Fabio Nilman, advogado; Felipe Neri Dresch da Silveira, advogado; Paulo Mendes de Oliveira, Procurador da Fazenda Nacional; Luiz Carlos Weizenmann, Presisente do Colégio Notarial do Brasil; Clovis Juarez Kemmerich, Procurador Federal; Claudio Trabach Weidlich, advogado. Membros da Comissão de Juristas do Senado Federal presentes: Luiz Fux (Presidente), Teresa Arruda Alvim Wambier (Relatora), Adroaldo Furtado Fabrício, Benedito Cerezzo Pereira Filho e Jansen Fialho de Almeida.

16/04/2010	Curitiba	Dra. Rogéria Dotti Dória, Presidente do Instituto dos Advogados do PR; Professor Eduardo Talamini, Doutor em Direito Processual Civil; Professor Manoel Caetano, advogado; Dr. Edson Ribas Malachini, Doutor em Direito; Dr. Eduardo Lamy, Professor da UFSC; André Luis Machado de Castro, Diretor da Associação Nacional dos Defensores Públicos; Vicente de Paula Ataíde Jr., Juiz Federal e membro da Comissão da AJUFE; Dr. Mário Jorge Helton, Desembargador; Helena de Toledo Coelho Gonçalves, Professora da PUC-PR; Antônio Marcos Pacheco, Presidente da Associação dos Oficiais de Justiça; Sérgio Miró, advogado; Fernando Prioste, Assessor Jurídico; Yuri Porcelini, advogado; Rafael Knorr Lippmann, advogado; Carlos Eduardo Ortega, advogado; Neil Douglas Francisco Chagas, advogado; Luis Guilherme da Silva Cardoso, Procurador da Fazenda Nacional; Gilberto Andreassa Júnior, advogado; Luiz Carlos Lemens, advogado e professor; Ademar Kisioka, Procurador da Fazenda Nacional; Rebecca Beatriz Canto, estudante; Adriana Gomes Pereira e Débora Lucena, estudante. Membros da Comissão de Juristas do Senado Federal presentes: Teresa Arruda Alvim Wambier (Relatora), Benedito Cerezzo Pereira Filho, Bruno Dantas, Jansen Fialho de Almeida e José Miguel Garcia Medina (Presidente em exercício) e não membros, o Senador Flávio Arns.

Fonte: SENADO FEDERAL com adaptações da autora.

Apêndice D – Pareceres e Outros Documentos do Senado Federal

Plano de trabalho do Senado Federal. Disponível em: https://legis.senado.leg.br/sdleg-getter/documento?dm=4550315&ts=1548960363383&disposition=inline.

Pareceres

Relatório, Senador Valter Pereira. Disponível em: https://legis.senado.leg.br/sdleg-getter/documento?dm=4550612&ts=1548960365051&disposition=inline.

Relatório Final, Senador Valter Pereira. Disponível em: https://legis.senado.leg.br/sdleg-getter/documento?dm=4550648&ts=1548960365244&disposition=inline.

Parecer n. 1624/2010 da CTRCPC, Relator Senador Valter Pereira, pela aprovação do Projeto de Lei do Senado (PLS) n. 166, de 2010. Disponível em: https://legis.senado.leg.br/sdleg-getter/documento?dm=4550666&ts=1548960365337&disposition=inline.

Parecer n. 1.741, de 2010. Disponível em: https://legis.senado.leg.br/sdleg-getter/documento?dm=4550675&ts=1548960365396&disposition=inline.

Apêndice E – Notas Taquigráficas das Reuniões e Audiências Públicas da Comissão Especial da Câmara dos Deputados

1ª Reunião – 31/08/2011 – Pauta: Instalação e Eleição do Presidente e dos Vice-Presidentes. Disponível em: http://www2.camara.leg.br/atividade-legislativa/comissoes/comissoes-temporarias/especiais/54a-legislatura/8046-10-codigo-de-processo-civil/documentos/controle-tramitacao-e-notas-taquigraficas/nt-31.08.11-cpc.

2ª Reunião – 20/09/2011 – Pauta: Definição do Roteiro de Trabalho e Deliberação de Requerimentos. Disponível em: http://www2.camara.leg.br/atividade-legislativa/comissoes/comissoes-temporarias/especiais/54a-legislatura/8046-10-codigo-de-processo-civil/documentos/controle-tramitacao-e-notas-taquigraficas/nt-20.09.11-cpc.

3ª Reunião – 21/09/2011 – Pauta: Audiência Pública. Disponível em: http://www2.camara.leg.br/atividade-legislativa/comissoes/comissoes-temporarias/especiais/54a-legislatura/8046-10-codigo-de-processo-civil/documentos/controle-tramitacao-e-notas-taquigraficas/nt21.09.11-cpc.

4ª Reunião – 28/09/2011 – Pauta: Audiência Pública e Deliberação de Requerimentos. Disponível em: http://www2.camara.leg.br/atividade-legislativa/comissoes/comissoes-temporarias/especiais/54a-legislatura/8046-10-codigo-de-processo-civil/documentos/controle-tramitacao-e-notas-taquigraficas/nt-28.09.11-cpc.

5ª Reunião – 04/10/2011 – Pauta: Deliberação de Requerimentos. Disponível em: http://www2.camara.leg.br/atividade-legislativa/comissoes/comissoes-temporarias/especiais/54a-legislatura/8046-10-codigo-de-processo-civil/documentos/controle-tramitacao-e-notas-taquigraficas/nt-04.10.11%20CPC.

6ª Reunião – 05/10/2011 – Pauta: Audiência Pública e Deliberação de Requerimentos. Disponível em: http://www2.camara.leg.br/atividade-legislativa/comissoes/comissoes-temporarias/especiais/54a-legislatura/8046-10-codigo-de-processo-civil/documentos/controle-tramitacao-e-notas-taquigraficas/nt-05.10.11.

7ª Reunião – 06/10/2011 – Pauta: Audiência Pública. Disponível em: http://www2.camara.leg.br/atividade-legislativa/comissoes/comissoes-temporarias/especiais/54a-legislatura/8046-10-codigo-de-processo-civil/documentos/controle-tramitacao-e-notas-taquigraficas/nt-06.10.11-cpc.

8ª Reunião – 26/10/2011 – Pauta: Audiência Pública e Deliberação de Requerimentos. Disponível em: http://www2.camara.leg.br/atividade-legislativa/comissoes/comissoes-temporarias/especiais/54a-legislatura/8046-10-codigo-de-processo-civil/documentos/controle-tramitacao-e-notas-taquigraficas/nt-26.10.11-cpc.

9ª Reunião – 09/11/2011 – Pauta: Audiência Pública e Deliberação de Requerimentos. Disponível em: http://www2.camara.leg.br/atividade-legislativa/comissoes/comissoes-temporarias/especiais/54a-legislatura/8046-10-codigo-de-processo-civil/documentos/controle-tramitacao-e-notas-taquigraficas/nt-09.11.11-cpc.

10ª Reunião – 16/11/2011 – Pauta: Audiência Pública e Deliberação de Requerimentos. Disponível em: http://www2.camara.leg.br/atividade-legislativa/comissoes/comissoes-temporarias/especiais/54a-legislatura/8046-10-codigo-de-processo-civil/documentos/controle-tramitacao-e-notas-taquigraficas/nt-16.11.11-cpc.

11ª Reunião – 22/11/2011 – Pauta: Audiência Pública. Disponível em: http://www2.camara.leg.br/atividade-legislativa/comissoes/comissoes-temporarias/especiais/54a-legislatura/8046-10-codigo-de-processo-civil/documentos/controle-tramitacao-e-notas-taquigraficas/nt-22.11.11-cpc.

12ª Reunião – 23/11/2011 – Pauta: Audiência Pública e Deliberação de Requerimentos. Disponível em: http://www2.camara.leg.br/atividade-legislativa/comissoes/comissoes-temporarias/especiais/54a-legislatura/8046-10-codigo-de-processo-civil/documentos/controle-tramitacao-e-notas-taquigraficas/nt-23.11.11-cpc.

13ª Reunião – 29/11/2011 - Pauta: Audiência Pública. Disponível em: http://www2.camara.leg.br/atividade-legislativa/comissoes/comissoes-temporarias/especiais/54a-legislatura/8046-10-codigo-de-processo-civil/documentos/controle-tramitacao-e-notas-taquigraficas/nt-29.11.11-cpc.

14ª Reunião – 30/11/2011 – Pauta: Audiência Pública e Deliberação de Requerimentos. Disponível em: http://www2.camara.leg.br/atividade-legislativa/comissoes/comissoes-temporarias/especiais/54a-legislatura/8046-10-codigo-de-processo-civil/documentos/controle-tramitacao-e-notas-taquigraficas/nt-3.

15ª Reunião – 07/12/2011 – Pauta: Audiência Pública e Deliberação de Requerimentos. Disponível em: http://www2.camara.leg.br/atividade-legislativa/comissoes/comissoes-temporarias/especiais/54a-legislatura/8046-10-codigo-de-processo-civil/documentos/controle-tramitacao-e-notas-taquigraficas/nt-07.12.11-cpc.

16ª Reunião – 04/07/2012 – Pauta: Mesa redonda. Disponível em: http://www2.camara.leg.br/atividade-legislativa/comissoes/comissoes-temporarias/especiais/54a-legislatura/8046-10-codigo-de-processo-civil/documentos/controle-tramitacao-e-notas-taquigraficas/nt-04.07.12-cpc.

17ª Reunião – 31/10/2012 – Pauta: Debate sobre o parecer do Relator-Geral – parte "Processo de Conhecimento e Cumprimento da Sentença". Disponível em: http://www2.camara.leg.br/atividade-legislativa/comissoes/comissoes-temporarias/especiais/54a-legislatura/8046-10-codigo-de-processo-civil/documentos/controle-tramitacao-e-notas-taquigraficas/NT31.10.12.pdf.

18ª Reunião – 08/05/2013 – Pauta: Discussão do Parecer do Relator-Geral de Proposições Sujeitas à Apreciação do Plenário Disponível em: http://www2.camara.leg.br/atividade-legislativa/comissoes/comissoes-temporarias/especiais/54a-legislatura/8046-10-codigo-de-processo-civil/documentos/controle-tramitacao-e-notas-taquigraficas/nt-08.05.13-cpc.

Apêndice F – Arquivos Apresentados pelos Palestrantes nas Audiências e Eventos da Comissão Especial da Câmara dos Deputados

Audiência Pública de 28/09/2011	Dr. Marcus Vinícius – Secretário-Geral do Conselho da Ordem dos Advogados do Brasil.	Disponível em: http://www2.camara.leg.br/atividade-legislativa/comissoes/comissoes-temporarias/especiais/54a-legislatura/8046-10-codigo-de-processo-civil/documentos/audiencias-e-eventos/audiencias-e-eventos/dr.-marcus-vinicius.
Audiência Pública de 06/10/2011	Dr. Fernando Luiz Albuquerque Faria – Advogado-Geral da União Substituto.	Disponível em: http://www2.camara.leg.br/atividade-legislativa/comissoes/comissoes-temporarias/especiais/54a-legislatura/8046-10-codigo-de-processo-civil/documentos/audiencias-e-eventos/audiencias-e-eventos/fernando-luiz.
Audiência Pública de 16/11/2011	Dr. Luiz Henrique Volpe Camargo – Advogado e professor da Universidade Católica Dom Bosco de Campo Grande – UCDB.	Disponível em: http://www2.camara.leg.br/atividade-legislativa/comissoes/comissoes-temporarias/especiais/54a-legislatura/8046-10-codigo-de-processo-civil/documentos/audiencias-e-eventos/audiencias-e-eventos/dr.-luiz-henrique-volpe-camargo.
	Dr. Alexandre Câmara – Desembargador do Tribunal de Justiça do Estado do Rio de Janeiro.	Disponível em: http://www2.camara.leg.br/atividade-legislativa/comissoes/comissoes-temporarias/especiais/54a-legislatura/8046-10-codigo-de-processo-civil/documentos/audiencias-e-eventos/audiencias-e-eventos/des.-alexandre-camara.
	Dr. Nelson Schaefer – Desembargador do Tribunal de Justiça do Estado de Santa Catarina.	Disponível em: http://www2.camara.leg.br/atividade-legislativa/comissoes/comissoes-temporarias/especiais/54a-legislatura/8046-10-codigo-de-processo-civil/documentos/audiencias-e-eventos/audiencias-e-eventos/des.-nelson-schaefer.

Audiência Pública de 22/11/2011	Guilherme Guimarães Feliciano – Professor Associado do Departamento de Direito do Trabalho e da Seguridade Social da Faculdade de Direito da USP; Juiz Titular da 1ª Vara do Trabalho de Taubaté/SP; Doutor em Direito Penal e Livre-Docente em Direito do Trabalho pela FDUSP.	Disponível em: http://www2.camara.leg.br/atividade-legislativa/comissoes/comissoes-temporarias/especiais/54a-legislatura/8046-10-codigo-de-processo-civil/documentos/audiencias-e-eventos/audiencias-e-eventos/ap-guilherme.
	Ronaldo Brêtas de Carvalho Dias – Doutor em Direito Constitucional e Mestre em Direito Civil pela UFMG; Professor nos Cursos de Graduação, Mestrado e Doutorado da Faculdade Mineira de Direito da PUC/Minas.	Disponível em: http://www2.camara.leg.br/atividade-legislativa/comissoes/comissoes-temporarias/especiais/54a-legislatura/8046-10-codigo-de-processo-civil/documentos/audiencias-e-eventos/audiencias-e-eventos/ap-ronaldo-bretas.
	Daniela Muradas – *O projeto de código de processo civil*: perspectivas e impactos no direito processual do trabalho.	Disponível em: http://www2.camara.leg.br/atividade-legislativa/comissoes/comissoes-temporarias/especiais/54a-legislatura/8046-10-codigo-de-processo-civil/documentos/audiencias-e-eventos/audiencias-e-eventos/daniela-muradas-reis.
	Allan Titonelli Nunes – Presidente Fórum Nacional da Advocacia Pública Federal.	Disponível em: http://www2.camara.leg.br/atividade-legislativa/comissoes/comissoes-temporarias/especiais/54a-legislatura/8046-10-codigo-de-processo-civil/documentos/audiencias-e-eventos/audiencias-e-eventos/allan-22.11.11.
	Abner Ferreira – Pastor Presidente da Convenção das Assembleias de Deus no Brasil/Ministério de Madureira/RJ.	Disponível em: http://www2.camara.leg.br/atividade-legislativa/comissoes/comissoes-temporarias/especiais/54a-legislatura/8046-10-codigo-de-processo-civil/documentos/audiencias-e-eventos/audiencias-e-eventos/22.11.11.

Audiência Pública de 07/12/2011	Melhim Namem Chalhub – Advogado especialista em Direito Privado.	Disponível em: http://www2.camara.leg.br/atividade-legislativa/comissoes/comissoes-temporarias/especiais/54a-legislatura/8046-10-codigo-de-processo-civil/documentos/audiencias-e-eventos/audiencias-e-eventos/melhim-namem-chalhub.
	Rodrigo Barioni – Professor da PUC-SP.	Disponível em: http://www2.camara.leg.br/atividade-legislativa/comissoes/comissoes-temporarias/especiais/54a-legislatura/8046-10-codigo-de-processo-civil/documentos/audiencias-e-eventos/audiencias-e-eventos/rodrigo-barioni.
Audiência Pública de 13/12/2011	William Santos Ferreira – Professor da PUC.	Disponível em: http://www2.camara.leg.br/atividade-legislativa/comissoes/comissoes-temporarias/especiais/54a-legislatura/8046-10-codigo-de-processo-civil/documentos/audiencias-e-eventos/audiencias-e-eventos/apresentacao-willian.
Audiência Pública de 14/12/2011	Adriana Simeão – Especialista em Tecnologia da Informação, em Controle Externo e Interno da Administração Pública e Analista Judiciário Especializado do Tribunal Regional do Trabalho da 14ª Região.	Disponível em: http://www2.camara.leg.br/atividade-legislativa/comissoes/comissoes-temporarias/especiais/54a-legislatura/8046-10-codigo-de-processo-civil/documentos/audiencias-e-eventos/audiencias-e-eventos/adriana-simeao.
	Mauro Leonardo de Brito Albuquerque Cunha – Especialista em Direito das Telecomunicações pela Universidade de Montreal e Mestre em Ciência da Informação pela UFBA, Conselheiro do IBDI – Instituto Brasileiro de Direito e Política da Informática.	Disponível em: http://www2.camara.leg.br/atividade-legislativa/comissoes/comissoes-temporarias/especiais/54a-legislatura/8046-10-codigo-de-processo-civil/documentos/audiencias-e-eventos/audiencias-e-eventos/mauro-leonardo-de-brito-albuquerque-cunha.

	Marcelo Weick Pogliese, advogado e doutorando em governança eletrônica.	Disponível em: http://www2.camara.leg.br/atividade-legislativa/comissoes/comissoes-temporarias/especiais/54a-legislatura/8046-10-codigo-de-processo-civil/documentos/audiencias-e-eventos/audiencias-e-eventos/marcelo-weick.

Fonte: Câmara dos Deputados

Apêndice G – Designação da Relatoria na Câmara dos Deputados

31/08/2011 – Designação de Relatoria. Disponível em: http://www2.camara.leg.br/atividade-legislativa/comissoes/comissoes-temporarias/especiais/54a-legislatura/8046-10-codigo-de-processo-civil/conheca-a-comissao/relatoria/designacao-de-relatoria. A

28/03/2012 – Designação de Novo Relator-Geral Disponível em: http://www2.camara.leg.br/atividade-legislativa/comissoes/comissoes-temporarias/especiais/54a-legislatura/8046-10-codigo-de-processo-civil/conheca-a-comissao/relatoria/designacao-de-relator-geral-28-03-12.

09/08/2012 – Designação de Relator-Geral e Substituto Disponível em: http://www2.camara.leg.br/atividade-legislativa/comissoes/comissoes-temporarias/especiais/54a-legislatura/8046-10-codigo-de-processo-civil/conheca-a-comissao/relatoria/copy_of_PL602505DesignaodeRelatorGeralesubstituto.pdf.

Apêndice H – Parecer do Relator-Geral e outros Documentos Relacionados da Câmara dos Deputados

Substitutivo adotado pela Comissão. Disponível em: http://www2.camara.leg.br/atividade-legislativa/comissoes/comissoes-temporarias/especiais/54a-legislatura/8046-10-codigo-de-processo-civil/proposicao/pareceres-e-relatorios/substitutivo-comissao-oficial.

Parecer do Relator-Geral – Dep. Paulo Teixeira – PT/SP (apresentado em 02/07/2013) Disponível em: http://www2.camara.leg.br/atividade-legislativa/comissoes/comissoes-temporarias/especiais/54a-legislatura/8046-10-codigo-de-processo-civil/proposicao/pareceres-e-relatorios/parecer-do-relator-geral-paulo-teixeira-08-05-2013.

> Complementação de Voto. Disponível em: http://www2.camara.leg.br/atividade-legislativa/comissoes/comissoes-temporarias/especiais/54a-legislatura/8046-10-codigo-de-processo-civil/proposicao/pareceres-e-relatorios/complementacao-de-voto-oficial.
>
> Reformulação de Voto. Disponível em: http://www2.camara.leg.br/atividade-legislativa/comissoes/comissoes-temporarias/especiais/54a-legislatura/8046-10-codigo-de-processo-civil/proposicao/pareceres-e-relatorios/reformulacao-de-voto-oficial.

Parecer do Relator-Geral – Dep. Paulo Teixeira – PT/SP (apresentado em 08/05/2013). Disponível em: http://www2.camara.leg.br/atividade-legislativa/comissoes/comissoes-temporarias/especiais/54a-legislatura/8046-10-codigo-de-processo-civil/arquivos/parecer-do-relator-geral-paulo-teixeira-autenticado.

Parecer do Relator-Geral – Dep. Sérgio Barradas Carneiro – PT/BA (apresentado em 07/11/2012). Disponível em: http://www2.camara.leg.br/atividade-legislativa/comissoes/comissoes-temporarias/especiais/54a-legislatura/8046-10-codigo-de-processo-civil/arquivos/parecer-do-relator-geral-em-07-01-2012.

Pareceres dos Relatores Parciais

Parte Geral (Dep. Efraim Filho – DEM/PB). Disponível em: http://www2.camara.leg.br/atividade-legislativa/comissoes/comissoes-temporarias/especiais/54a-legislatura/8046-10-codigo-de-processo-civil/arquivos/dep.-efraim-novo-atualizacao.

Processo de Conhecimento / Cumprimento da Sentença (Dep. Jerônimo Goergen – PP/RS). Disponível em: http://www2.camara.leg.br/atividade-legislativa/comissoes/comissoes-temporarias/especiais/54a-legislatura/8046-10-codigo-de-processo-civil/arquivos/parecer_dep_jeronimo_goergen.

Procedimentos Especiais (Dep. Bonifácio de Andrada – PSDB/MG). Disponível em: http://www2.camara.leg.br/atividade-legislativa/comissoes/comissoes-temporarias/especiais/54a-legislatura/8046-10-codigo-de-processo-civil/arquivos/parecer_dep_bonifacio_andrada.

Processo de Execução (Dep. Arnaldo Faria de Sá – PTB/SP). Disponível em: http://www2.camara.leg.br/atividade-legislativa/comissoes/comissoes-temporarias/especiais/54a-legislatura/8046-10-codigo-de-processo-civil/arquivos/parecer-arnaldo-faria-de-sa.

Processos nos Tribunais e Meios de Impugnação das Decisões Judiciais / Disposições Finais e Transitórias (Dep. Hugo Legal – PSC/RJ). Disponível em: http://www2.camara.leg.br/atividade-legislativa/comissoes/comissoes-temporarias/especiais/54a-legislatura/8046-10-codigo-de-processo-civil/arquivos/dep.-hugo-leal-novo-atualizacoes.

Proposições PL 6025/05, 8046/10, Emendas e demais apensados. Disponível em: http://www2.camara.leg.br/atividade-legislativa/comissoes/comissoes-temporarias/especiais/54a-legislatura/8046-10-codigo-de-processo-civil/arquivos/dep.-hugo-leal-novo-atualizacoes.

Apêndice I – Participantes das Audiências Públicas e Conferências Realizadas pela Câmara dos Deputados

Data	Evento	Palestrantes	Coordenador
21/09/11 4ª FEIRA	Audiência Pública	Ministro LUIZ FUX, do Supremo Tribunal Federal	
28/09/11 4ª FEIRA	Audiência Pública	Presidente da Associação dos Magistrados do Brasil – AMB – foi representado pelo Desembargador LINEU BONORA PEINEDO e pelo Juiz MARCUS ONODERA, membro da Comissão do CPC da AMB e Presidente do Conselho Federal da OAB – foi representado pelo Secretário-Geral, Dr. MARCUS VINÍCIUS FURTADO COÊLHO.	
05/10/11 4ª FEIRA	Audiência Pública Temática Tema: PARTE GERAL	FREDIE DIDIER JÚNIOR, advogado; Professor Adjunto do Curso de Direito da Universidade Federal da Bahia – UFBA; – BENEDITO CEREZZO, advogado; Professor da Faculdade de Direito da USP, e RINALDO MOUZALAS, advogado, professor, especialista em Direito Processual Civil.	
06/10/11 5ª FEIRA	Audiência Pública	Ministro TEORI ZAVASCHI, do Superior Tribunal de Justiça, e LUÍS FERNANDO ALBUQUERQUE FARIAS, Advogado-Geral da União Substituto.	
17/10/11 2ª FEIRA	CONFERÊNCIA RECIFE – PE	Desembargador Federal Marcelo Navarro (TRF 5ª Região), professor da UFRN; Desembargador Frederico Neves (TJ/PE), professor da UNICAP/PE; Procurador do Estado Leonardo Carneiro da Cunha, professor da UFPE.	DEP. BRUNO ARAÚJO

19/10/11 4ª FEIRA	Audiência Pública Temática Tema – PROCESSO DE CONHECIMENTO E CUMPRIMENTO DA SENTENÇA	DANIEL FRANCISCO MITIDIERO, Doutor em Direito; Professor Adjunto de Direito Processual Civil da UFRGS; LUIZ GUILHERME MARINONI, Professor Doutor da Universidade Federal do Paraná; PAULO HENRIQUE DOS SANTOS LUCON, advogado; Professor da USP; NELTON AGNALDO MORAES DOS SANTOS, Desembargador do Tribunal Regional Federal – 3ª Região; FREDIE DIDIER JUNIOR, advogado; Professor Adjunto do Curso de Direito da UFBA; e LUIZ HENRIQUE VOLPE CAMARGO, advogado; Professor da Universidade Católica Dom Bosco de Campo Grande – UCDB.	
21/10/11 6ª FEIRA	CONFERÊNCIA SALVADOR -BA	Ministro LUIZ FUX, do Supremo Tribunal Federal, Presidente da Comissão do Senado que elaborou o anteprojeto do novo Código de Processo Civil; Desembargadora TELMA LAURA SILVA BRITTO, Presidenta do Tribunal de Justiça do Estado da Bahia; Professor ANTONIO ADONIAS, da UFBA/Faculdade Baiana de Direito; SILVIO GARCEZ JR, representante da OAB, e FREDIE DIDIER JR., advogado e Professor Adjunto da UFBA.	DEP. SÉRGIO BARRADAS

24/10/11 2ª FEIRA	CONFERÊNCIA BELO HORIZONTE – MG	HUMBERTO THEODORO JÚNIOR – advogado, professor e ex- desembargador do TJMG; MARCELO DE OLIVEIRA MILAGRES – Professor de Direito Civil e Promotor de Justiça; LUÍS CLÁUDIO CHAVES – Presidente da OAB/MG.	DEPs. BONIFÁCIO DE ANDRADA, GABRIEL GUIMARÃES E PADRE JOÃO
26/10/11 4ª FEIRA	Audiência Pública Temática Tema: PROCEDIMENTOS ESPECIAIS	MARCOS DESTEFENNI, Promotor de Justiça de São Paulo; LEONARDO CARNEIRO DA CUNHA, Procurador do Estado de Pernambuco; professor da UFP; - FREDIE DIDIER JUNIOR, advogado; Professor Adjunto do Curso de Direito da UFBA; SÉRGIO CRUZ ARENHART, Procurador da 4ª Região – Porto Alegre/RS; LUIZ HENRIQUE VOLPE CAMARGO, advogado; Professor da Universidade Católica Dom Bosco de Campo Grande – UCDB; e SÉRGIO MURITIBA, advogado; Professor e Diretor da Escola de Direito de Campo Grande.	
07/11/11 2ª FEIRA	CONFERÊNCIA RIO DE JANEIRO – RJ	Ministro LUIZ FUX; Desembargador ALEXANDRE CÂMARA; Procurador da República ANTONIO DO PASSO CABRAL; Procurador-Geral da OAB-RJ RONALDO CRAMER.	DEP. HUGO LEAL

09/11/11 4ª FEIRA	Audiência Pública Temática Tema: PROCESSO DE EXECUÇÃO	JOSÉ MANOEL DE ARRUDA ALVIM NETTO, Professor de Direito Processual Civil da PUC/SP; SÉRGIO MURITIBA, advogado; Professor e Diretor da Escola de Direito de Campo Grande; FREDIE DIDIER JUNIOR, advogado; Professor Adjunto do Curso de Direito da UFBA; e LUIZ HENRIQUE VOLPE CAMARGO, advogado; Professor da Universidade Católica Dom Bosco de Campo Grande – UCDB.	
11/11/11 6ª FEIRA	CONFERÊNCIA JOÃO PESSOA – PB	Palestrantes: Leonardo Carneiro Cunha – Procurador do Estado/PE e autor de livros de Processo Civil; Paulo Maia – Mestre em Processo Civil e Presidente do TRT 13ª Região. Debatedores: Professores: Delosmar Mendonça, George Morais, Rinaldo Mouzalas, Marcelo Weick, Walter Agra; Rogério Abreu, Juiz Federal	DEP. EFRAIM FILHO

16/11/11 4ª FEIRA	Audiência Pública Temática Tema: RECURSOS	ALEXANDRE FREITAS CÂMARA, Desembargador do TJ/RJ; LUIZ HENRIQUE VOLPE CAMARGO, advogado; Professor da Universidade Católica Dom Bosco de Campo Grande – UCDB; NELSON JULIANO SCHAEFER MARTINS, Desembargador do TJ/SC; RONNIE PREUSS DUARTE, Diretor-Geral da Escola Superior de Advocacia Ruy da Costa Antunes da OAB/PE; LUIZ CARLOS LEVENZON, Conselheiro da OAB/RS; FLÁVIO MAIA FERNANDES DOS SANTOS, advogado; FREDIE DIDIER JUNIOR, advogado; Professor Adjunto do Curso de Direito da UFBA.	
17/11/11 5ª FEIRA	CONFERÊNCIA CAMPO GRANDE – MS	ARRUDA ALVIM, Professor Titular da PUC-SP; THEREZA CELINA ARRUDA ALVIM, Professora Titular da PUC-SP PAULO HENRIQUE DOS SANTOS LUCON, Professor Titular da USP; DORIVAL RENATO PAVAN, Desembargador do TJ/MS; SÉRGIO MURITIBA, advogado, mestre pela PUC-SP; LUIZ HENRIQUE VOLPE CAMARGO, advogado, professor, mestrando na PUC-SP.	DEP. FABIO TRAD

22/11/11 3ª FEIRA	Audiência Pública	GABRIEL DE JESUS TEDESCO WEDY, Presidente da AJUFE – Associação dos Juízes Federais do Brasil; ALLAN TITONELLI NUNES – Presidente Fórum Nacional da Advocacia Pública Federal; MIGUEL ROCHA NASSER HISSA, Procurador Municipal da cidade de Fortaleza, representando o Presidente da ANPM – Associação Nacional dos Procuradores Municipais; FÁBIO JUN, Associação Estado do CAPUCHO, Presidente da dos Procuradores do Mato Grosso do Sul, representando a ANAPE – Associação Nacional dos Procuradores de Estado; GUILHERME GUIMARÃES FELICIANO, Juiz, representando o presidente da ANAMATRA; DANIELA MURADAS REIS, Chefe do Departamento de Direito do Trabalho da Universidade Federal de Minas Gerais; RONALDO BRÊTAS DE CARVALHO DIAS, Professor da Universidade Federal de Minas Gerais; e ABNER FERREIRA, Pastor Presidente da Convenção das Assembleias de Deus no Brasil/ Ministério de Madureira/RJ.	

23/11/11 4ª FEIRA	Audiência Pública	MARCELO NAVARRO, Desembargador do Tribunal Federal da 5ª Região (Req. 55); ANTÔNIO CLÁUDIO DA COSTA MACHADO, Professor de Teoria Geral do Processo e Direito Processual Civil da USP (Req. 53); WELDER QUEIROZ DOS SANTOS, Vice-Presidente da Comissão de Direito Civil e Processo Civil da OAB/MT (Req. 47).	
24/11/11 5ª FEIRA	CONFERÊNCIA MANAUS – AM	Rafael Vinheiro Monteiro Barbosa, Defensor Público; Jeibson dos Santos Justiniano, Procurador do Trabalho; Márcio André Lopes Cavalcante, Juiz Federal.	DEP. FRANCISCO PRACIAO
28/11/11 2ª FEIRA	CONFERÊNCIA PORTO ALEGRE – RS	LUIZ GUILHERME MARINONI, Professor titular da Universidade Federal do Paraná; FREDIE DIDIER JR., Professor adjunto da Universidade Federal da Bahia; DANIEL MITIDIERO, Professor da Universidade Federal do Rio Grande do Sul; GUILHERME RIZZO AMARAL, Doutor pela Universidade Federal do Rio Grande do Sul; GUSTAVO BOHRER PAIM, Professor da Unisinos.	DEP. JERÔNIMO GOERGEN

29/11/11 3ª FEIRA	Audiência Pública	REGINA BEATRIZ TAVARES DA SILVA - Presidente da Comissão de Direito de Família do Instituto dos Advogados de São Paulo - IASP (Req. 12); FABÍOLA PASINI, Representante da Confederação Nacional das Indústrias - CNI (Req. 19); ARY JORGE ALMEIDA SOARES, advogado, representante da Confederação Nacional do Comércio de Bens, Serviços e Turismo - CNC (Req. 20); CARLOS BASTIDE HORBACH, Chefe da Assessoria Jurídica, Representante da Confederação da Agricultura e Pecuária do Brasil - CNA (Req. 21); e LUIZ RODRIGUES WAMBIER, Representante da Confederação Nacional das Instituições Financeiras - CNF (Req. 24).	

30/11/11 4ª FEIRA	Audiência Pública	LUÍS CARLOS RODRIGUES PALACIOS COSTA, Diretor-Geral da União dos Advogados Públicos Federais – UNAFE (Req. 22); GUILHERME FERNANDES NETO, Promotor de Justiça e Professor Doutor da Faculdade de Direito da UnB, representante da Associação Nacional dos Membros do Ministério Público – CONAMP (Req. 31); MARCOS LUIZ SILVA, Presidente da ANAUNI – Associação dos Advogados da União; e ALEXANDRE GIANNI SUBSTITUIU ANDRÉ LUÍS MACHADO DE CASTRO, Presidente da Associação Nacional dos Defensores Públicos – ANADEP (Req. 45); Também participou o Professor JOSÉ MANOEL DE ARRUDA ALVIM NETTO. A Central Única dos Trabalhadores – CUT (Req. 27) e a FORÇA SINDICAL (Req. 27) NÃO ENVIARAM REPRESENTANTES.	

02/12/11	CONFERÊNCIA FORTALEZA - CE	Palestrantes: Ministro César Asfor, do Superior Tribunal de Justiça; Dr. Samuel Arruda, Procurador da República; Dr. Juvêncio Vasconcelos, Procurador do Estado do Ceará; Dr. Emílio Viana Medeiros, Coordenador da ESMEC; Dr. Tiago Asfor, Representante da OAB-CE. Desembargador Fernando Luis Ximenes Rocha, do Tribunal de Justiça do Ceará; Dr. Valdetário Andrade Monteiro, Presidente da OAB-CE. Debatedores: Desembargador Fernando Luis Ximenes Rocha, do Tribunal de Justiça do Ceará; Dr. Valdetário Andrade Monteiro, Presidente da OAB-CE; Dra. Socorro França, Procuradora Geral de Justiça; Dra. Andréa Coelho, Defensora Pública Geral do Estado do Ceará; Dr. Marcelo Sampaio Siqueira, Procurador Municipal de Fortaleza – representando a ANPM.	DEP. VICENTE ARRUDA

05/12/11	CONFERÊNCIA CUIABÁ – MT	Guiomar Teodoro Borges, Desembargador do Tribunal de Justiça do Mato Grosso; Luiz Alberto Esteves Scaloppe, Procurador de Justiça do Ministério Público do Mato Grosso e Professor da Faculdade de Direito da UFMT; Rogério Borges Freitas, Defensor Público Estadual do Mato Grosso e Mestre em Processo Civil pela FMU/SP; Joaquim Spadone, Advogado – Welder Queiroz dos Santos – Advogado e Vice-Presidente da Comissão de Direito Civil e Processo Civil da OAB/MT.	DEP. VALTENIR PEREIRA E NILSON LEITÃO
06/12/11 3ª FEIRA	Audiência Pública	ANTONIO SOUZA PRUDENTE, Desembargador Federal e Professor do Curso de Direito da Universidade Católica de Brasília (Req. 57 – Dep. Paes Landim); SAMUEL MEIRA BRASIL JÚNIOR, Desembargador Estadual do Tribunal de Justiça do Estado do Espírito Santo (Req. 59 – Dep. Miro Teixeira e Dr. Jorge Silva); e RAFAEL VASCONCELLOS DE ARAÚJO PEREIRA, Procurador da Fazenda Nacional (Req. 61 – Dep. Vicente Cândido).	

07/12/11 4ª FEIRA	Audiência Pública	ARYSTÓBULO DE OLIVEIRA FREITAS, Presidente da AASP – Associação dos Advogados de São Paulo (Req. 58 – Dep. Arnaldo Faria de Sá); RODRIGO OTÁVIO BARIONI, Professor da Faculdade de Direito da PUC-SP (Req. 64 – Dep. Efraim Filho e Davi Alcolumbre); FABRÍCIO FONTOURA BEZERRA, Juiz de Direito da 10ª Vara Cível da Circunscrição Judiciária de Brasília – TJDFT (Req. 68 – Dep. Vicente Arruda); e MELHIM NAMEM CHALHUB, advogado e professor (Req. 73 – Dep. Hugo Leal).	
09/12/11 6ª FEIRA	CONFERÊNCIA SÃO PAULO – SP	Paulo Dimas de Bellis Mascaretti – Presidente da Associação dos Magistrados – APAMAGIS; Fernando Grella – Procurador-Geral do Ministério Público de São Paulo, que irá acompanhado do Dr. Ricardo de Barros Leonel – Promotor de Justiça MP/SP; Clito Fornaciari Jr., Presidente da Comissão de Estudos sobre a reforma do Código de Processo Civil da OAB/SP, representando o Presidente da OAB/SP, Luiz Flávio Borges D'Urso; Regina Beatriz Tavares da Silva – Presidenta da Comissão do Direito de Família do IASP – Instituto dos Advogados de São Paulo; Rafael Vasconcellos – Procurador da Fazenda Nacional.	DEP. VICENTE CÂNDIDO/ ARNALDO FARIA DE SÁ

13/12/11 3ª FEIRA	Audiência Pública	WILLIAM SANTOS FERREIRA, advogado, doutor e Professor da Pontifícia Universidade Católica de São Paulo (Req. 70 – Dep. Sérgio Barradas Carneiro); e ELPÍDIO DONIZETTI, Desembargador do Tribunal de Justiça do Estado de Minas Gerais, Diretor da Escola Nacional de Magistratura Estadual (Req. 72 – Dep. Arnaldo Faria de Sá).	
14/12/11 4ª FEIRA	Audiência Pública	CLAUDIO S. DE LUCENA NETO – Diretor do Centro de Ciências Jurídicas do Dep. De Direito Privado da Universidade Estadual da Paraíba; membro do Instituto Brasileiro de Direito Eletrônico, Pesquisador do Grupo de Pesquisa em Direitos Fundamentais e Tecnologias de Informação e Comunicação do CCJ/UEPB; JOSÉ CARLOS DE ARAÚJO ALMEIDA FILHO, Presidente do IBDE – Instituto Brasileiro de Direito Eletrônico; MAURO LEONARDO DE BRITO ALBUQUERQUE CUNHA – Especialista em Direito das Telecomunicações pela Universidade de Montreal e Mestre em Ciência da Informação pela UFBA, Conselheiro do IBDI – Instituto Brasileiro de Direito e Política da Informática; ADRIANA SIMEÃO – Especialista em Tecnologia da Informação, em Controle Externo e Interno da Administração Pública e Analista Judiciário Especializado do Tribunal Regional do Trabalho da 14° Região; e MARCELO WEICK, advogado e doutorando em governança eletrônica.	

Fonte: Câmara dos Deputados